Raclette macht Spaß!

Ursprünglich bestand diese Schweizer Schlemmerei aus einem halben Laib Gomser Käse, der in einer Halterung so vor offenes Feuer gebracht wurde, daß er an einer Schnittfläche schmolz und der geschmolzene Käse mit einem Spatel portionsweise auf heiße Teller geschabt wurde (»racler« ist französisch und heißt schaben). Dazu gab es Pellkartoffeln und Gewürzgurken. – Heute gibt es die praktischen elektrischen Tischgeräte, in denen man eine Fülle von Raclette-Variationen herstellen kann. Lassen Sie sich überraschen!

INHALT

Tips für die Praxis

Jede Raclette ist ein geselliges Essen. Je mehr Teilnehmer, desto größer der Reiz. Wer sich für die Raclette an kein bestimmtes Rezept halten möchte, kann einfach alles auf den Tisch stellen, was sich zum Überbacken mit Käse eignet, und jeder darf dann nach Lust und Neigung experimentieren.

Das wird gebraucht

• Ein elektrisch heizbares Raclettegerät, das es mit vier, sechs oder acht Pfännchen gibt. Die Abdeckplatte über den elektrischen Heizspiralen dient zum Aufbacken von Brot, zum Heißhalten von Kartoffeln oder anderen vorbereiteten Zutaten, die für eine Raclette gebraucht werden. Zum Raclettegerät gehören außerdem ein oder mehrere Holzspatel, mit denen man den fertig gegarten Inhalt der Pfännchen auf den Eßteller schabt.

Wichtig! Achten Sie darauf, daß niemand mit Messer oder Gabel in seinem Pfännchen kratzt, denn dabei kann die Beschichtung verletzt werden, die dafür sorgt, daß im Pfännchen nichts anbrennt.

Praktisch! Man kann Pfännchen zum Raclettegerät auch einzeln kaufen, also ohne Gerät. Wer sein Gerät häufig für mehrere Personen nützt, sollte sich eventuell eine zweite Garnitur Pfännchen anschaffen, dann entfallen die Wartezeiten, die sich beim Zubereiten der kleinen Portionen ergeben.

Das erhöht die Tafelfreuden

• Sorgen Sie vor allem für gut heiße Eßteller. Man kann sie vor dem Essen im Backofen bei etwa 70° erhitzen und eventuell während des Essens durch frisch erhitzte Teller auswechseln.
• Stellen Sie zu jedem Platzteller einen feuerfesten Untersetzer oder einen kleineren Teller, auf dem jeder sein bereits gebrauchtes Raclettepfännchen abstellen kann, während es von neuem gefüllt wird.
• Sorgen Sie für genügend Platz. Keine der gebrauchten Zutaten darf zu nahe am Raclettegerät stehen, da dieses Hitze abstrahlt, die frische Zutaten unansehnlich machen könnte.

Alles, was der Raclette-Fan braucht:
das Raclettegerät, mehrere Pfännchen, Holzspatel, warme Teller und viele leckere Zutaten zum Überbacken.

Das erhöht den Genuß

- Die häufig empfohlenen Butterflöckchen können Sie auch in einem Butterpfännchen auf einem kleinen Rechaud schmelzen lassen. Die Butter kann dann noch sparsamer verwendet werden.

- Gewürze, Gewürzsaucen, eingelegtes Gemüse oder gehackte Kräuter, von denen sich jeder nach Belieben bedienen kann, finden am besten auf einem Beistelltischchen Platz.
- Ein Racletteessen dauert gewöhnlich recht lang. Im Laufe der Zeit erhitzt sich die Abdeckplatte erheblich. Alles, was man dort warmhalten will, kann anbrennen.

Wichtig! Deshalb nach den ersten 20 Minuten einen Siebuntersetzer oder eine feuerfeste Platte auf die Abdeckplatte legen.
- Vorsicht mit Salz! Käse und Schinken sind bereits salzhaltig. Daran sollte man beim Würzen immer denken. Besser Salz und Gewürze zum »Self service« auf den Tisch stellen.
- Käse, der gerieben oder geraspelt gebraucht wird, niemals bereits fertig kaufen, sondern immer erst kurz vor dem Gebrauchtwerden zerkleinern.
- Gemüse und Obst, das erst bei Tisch erhitzt wird, stets kurz vor Beginn des Essens waschen, putzen und kleinschneiden. Werden Gemüse oder Obst bereits in der Küche vorgegart, sollte es zugedeckt serviert werden.

- Wichtig! Kleingeschnittene Zutaten sollten in etwa gleich groß sein, damit alles in gleicher Zeit gart.

Ur-Raclette

Für die echte Schweizer Raclette wird ein halber Laib Gomser Käse in einer speziellen Halterung so vor offenes Feuer gebracht, daß die Schnittfläche des Käses schmilzt. Mit einem Holzspatel schabt man das Geschmolzene auf Portionsteller und ißt es zu Pellkartoffeln und Gewürzgurken. Je nach Anlaß und Gegend gehören zur Ur-Raclette auch etwas Wurst oder Schinken. Wenn Sie keinen Kamin und keine spezielle Käsehalterung besitzen, brauchen Sie Ihre Raclettegelüste aber nicht aufzugeben. – Mit einem elektrischen Tischraclettegerät kann sich jeder Teilnehmer der Tafelrunde seinen Käse selbst schmelzen lassen.

Zutaten für 4 Personen:
1 kg gleich große Kartoffeln
2 Teel. Kümmel
300 g Gomser Käse im Stück
200 g kleine Gewürzgurken
100 g Salami in dünnen Scheiben
Salz und weißer Pfeffer in der Mühle
Nach Belieben: Weißbrot

Original

Pro Portion etwa:
1300 kJ/310 kcal
10 g Eiweiß · 13 g Fett
40 g Kohlenhydrate

- Zubereitungszeit: etwa 25–35 Minuten

1. Die Kartoffeln unter fließendem Wasser bürsten. In einem Topf knapp mit Wasser bedecken und mit dem Kümmel zum Kochen bringen. Zugedeckt in 25–35 Minuten garen.

2. Die Eßteller im Backofen bei 75° erhitzen. Das Raclettegerät auf den Tisch stellen und anheizen. Den Käse in Scheiben und diese in Größe der Raclettepfännchen zurechtschneiden. Den Käse, die Gürkchen und die Salami anrichten und mit dem Salz und dem Pfeffer zu Tisch bringen.

3. Die Kartoffeln abgießen, ausdämpfen lassen und auf dem Raclettegerät warm halten. Nach Belieben auch etwas Weißbrot darauf toasten.

4. Jeder füllt nun sein Pfännchen mit Käse und stellt es ins Gerät. Während der Käse schmilzt, pellt man die Kartoffeln. Man ißt sie dann mit dem geschmolzenen Käse, mit den Gürkchen und der Salami. Salz und Pfeffer ist nur ausnahmsweise notwendig, da Käse und Salami meist genügend gewürzt sind.

Zwiebel-Raclette

Am besten schmeckt mir die Zwiebel-Raclette mit jungen Frühlingszwiebeln. Wer gern etwas mehr Schärfe hat, kann es auch mit normalen Zwiebeln oder Schalotten zubereiten.

Zutaten für 4 Personen:
1 kg gleich große Kartoffeln
Salz
4 Schalotten
1 Eßl. Öl
2 Bund Frühlingszwiebeln
300g Appenzeller Käse
2 Knoblauchzehen
80g Butter
1 Bund Schnittlauch

Vegetarisch

Pro Portion etwa:
2700 kJ/640 kcal
23 g Eiweiß · 42 g Fett
46 g Kohlenhydrate

- Zubereitungszeit: etwa 35 Minuten

1. Die Kartoffeln bürsten, in einem Topf mit Wasser bedecken und mit dem Salz in 25–35 Minuten garen. Ausdämpfen lassen und auf dem Raclettegerät warm halten.

2. Die Schalotten schälen, in Ringe schneiden, in dem Öl hellgelb braten und in einem Schälchen anrichten. Die Frühlingszwiebeln vom Wurzelende und den dunkelgrünen Blättern befreien, waschen und in Ringe schneiden.

3. Den Käse grob raspeln und in einer Schale anrichten. Die Knoblauchzehen schälen, kleinhacken, mit der Butter mischen und diese auf einem Teller in Flöckchen anrichten. Den Schnittlauch waschen, trockenschwenken und in Röllchen schneiden.

4. Bei Tisch füllt man die Pfännchen zuerst mit einigen Schalottenringen, darauf kommen die Frühlingszwiebeln, etwas Käse und einige Butterflöckchen. Alles im Raclettegerät erhitzen, bis der Käse geschmolzen ist. Dann mit Schnittlauch bestreuen und mit den Pellkartoffeln essen.

Roquefort-Raclette

Zur Roquefort-Raclette kann man sich schnell entschließen, wenn der Käse und bereits gekochte Pellkartoffeln im Kühlschrank sind. Mit würzigem Rotwein und einer Schüssel Salat ergibt sie ein kräftiges, schmackhaftes Essen. Der Roquefort läßt sich auch durch Gorgonzola oder anderen Blauschimmelkäse ersetzen.

Zutaten für 4 Personen:
1 kg gekochte Pellkartoffeln
1 Bund Schnittlauch
250 g Roquefortkäse
150 g Crème fraîche
Nach Geschmack:
frisch gemahlener weißer Pfeffer
100 g Butter

Schnell

Pro Portion etwa:
3200 kJ/760 kcal
19 g Eiweiß · 36 g Fett
45 g Kohlenhydrate

- Zubereitungszeit: etwa 20 Minuten

1. Die Kartoffeln pellen, in Scheiben schneiden und auf einer Platte anrichten.

2. Den Schnittlauch waschen, trockenschwenken und in Röllchen schneiden.

3. Den Käse mit einer Gabel zerdrücken, mit der Crème fraîche und den Schnittlauchröllchen mischen und je nach Geschmack mit Pfeffer abschmecken. Die Butter schmelzen lassen und auf dem Raclettegerät heiß halten.

4. Bei Tisch jeweils etwas Butter in die Raclettepfännchen geben. Die Pfännchen dann mit Kartoffelscheiben auslegen, mit ungefähr 2 Eßlöffeln Käsecreme bedecken und im Raclettegerät erhitzen, bis die Käsecreme zu bräunen beginnt.

Camembert-Raclette

Gebackener Camembert ist seit langem als Bistro-Imbiß beliebt. Für mich ist jedoch ein ganzes Halbrund stets zuviel. So habe ich die Schlemmerei ins Raclettegerät verlegt und genieße seither kleinere Portionen davon. Statt der obligatorischen Preiselbeerkonfitüre gibt es oft auch Sanddornsirup oder halbierte, entkernte Weintrauben dazu.

Zutaten für 6 Personen:
2 Baguettes
400 g reifer Camembertkäse
2 Eier
5 Eßl. Sahne
100 g Semmelbrösel
75 g kalte Butter
8 Eßl. Öl
8 Eßl. Preiselbeerkonfitüre

Gelingt leicht

Pro Portion etwa:
4400 kJ/ 1000 kcal
32 g Eiweiß · 59 g Fett
97 g Kohlenhydrate

- Zubereitungszeit: etwa 20 Minuten

1. Die Baguettes in dicke, schräge Scheiben schneiden und auf dem Raclettegerät aufbacken.

2. Den Camembert in etwa 1 cm dicke Scheiben schneiden und auf einer Platte anrichten.

3. Die Eier mit der Sahne verquirlen und die Semmelbrösel unter die Eiersahne mischen. Die Masse in sechs Schälchen verteilen und zu jedem Platz stellen.

4. Die Butter in Flöckchen schneiden und auf einem Teller anrichten. Das Öl in eine kleine Schale geben. Die Konfitüre in sechs Schälchen verteilen und ebenfalls zu jedem Platz stellen.

5. In den Raclettepfännchen zunächst jeweils etwas Öl erhitzen. Die Käsescheiben ins heiße Öl legen, mit etwas von der Bröselmasse bedecken, einige Butterflöckchen daraufgeben und goldbraun werden lassen. Den überbackenen Camembert mit Baguette und Preiselbeerkonfitüre essen.

Im Bild oben: Camembert-Raclette
Im Bild unten: Roquefort-Raclette

Sellerie-Raclette

Würziger Stangensellerie schmeckt unter der zarten Käsekruste besonders verlockend. Wer mal keine Lust auf Kartoffeln hat, kann statt dessen frisch aufgebackenes Weißbrot dazu-essen.

Zutaten für 4 Personen:
750 g gleich große Kartoffeln
Salz
2 Knoblauchzehen
300 g Havartikäse
4 Eßl. Crème double
2–3 Eßl. trockener Weißwein
Nach Geschmack: Salz und frischgemahlener weißer Pfeffer
400 g Stangensellerie, geputzt gewogen

Raffiniert

Pro Portion etwa:
1800 kJ/430 kcal
27 g Eiweiß · 21 g Fett
34 g Kohlenhydrate

- Zubereitungszeit: etwa 35 Minuten

1. Die Kartoffeln in einem Topf mit Wasser bedecken und mit dem Salz in 25–35 Minuten garen. Dann abgießen, ausdämpfen lassen und auf dem Raclettegerät heiß halten.

2. Die Knoblauchzehen schälen und kleinhacken.

3. Den Käse grob raspeln und mit dem Knoblauch, der Crème double und dem Wein verrühren und nach Geschmack mit Salz und Pfeffer würzen.

4. Den Sellerie waschen und die groben Fäden von den Stangen abziehen. Die Stangen in ungefähr 1/2 cm dicke Scheibchen schneiden und in ein Sieb schütten. 3 Minuten in kochendes Salzwasser tauchen, abtropfen lassen und zugedeckt in einer Schüssel heiß halten.

5. Die Pfännchen mit Selleriescheibchen auslegen. Etwas Käsecreme darüber gießen und goldgelb überbacken. Die gepellten Kartoffeln dazu essen.

Munster-Raclette

Munsterkäse wird auch unter dem Namen Géromé-Käse angeboten. In der Konsistenz ist er dem Limburger ähnlich, doch etwas dezenter im Geschmack. Hat der Weichkäse edelste Qualität, wurde er zur Hälfte aus roher Morgen-Vollmilch und zur Hälfte aus entrahmter Abendmilch hergestellt.

Zutaten für 4 Personen:
250 g Munsterkäse
200 g Magerquark
50 g Crème fraîche
1/2 Teel. gemahlener Kümmel
Nach Geschmack: Salz und frischgemahlener weißer Pfeffer
400 g Cornichons
1 frisch aufgebackenes Baguette oder Roggen-Vollkornbrot

Preiswert

Pro Portion etwa:
2000 kJ/480 kcal
24 g Eiweiß · 19 g Fett
49 g Kohlenhydrate

- Zubereitungszeit: etwa 20 Minuten

1. Den Käse sehr klein würfeln und mit dem Quark, der Crème fraîche und dem Kümmel verrühren. Nach Geschmack mit Salz und Pfeffer abschmecken.

2. Die Cornichons ebenfalls klein würfeln und unter die Käsecreme heben.

3. Die Raclettepfännchen jeweils mit einem Teil der Käsecreme füllen, diese im Gerät goldbraun überbacken und warm mit dem Brot essen.

Bild oben: Sellerie-Raclette
Bild unten: Munster-Raclette

Schinken-Raclette

Schabziger Kräuterkäse ist eine Schweizer Spezialität, pikant und würzig. Außerdem ist er nicht sehr fetthaltig. Sollte er in Ihrer Käsehandlung nicht angeboten werden, weichen Sie auf Reblochon aus, einen französischen Schnittkäse mit allerdings 45% Fett i.Tr.

Zutaten für 4 Personen:
500g Stangenweißbrot
200g gekochter Schinken ohne Fettrand, in dünnen Scheiben
1 große gelbe Paprikaschote
4 Eier
4 Eßl. Sahne
1 Messerspitze Paprikapulver, scharf
Salz
200g Schabziger Käse
1/8 l Öl
200g Cornichons

Gelingt leicht

Pro Portion etwa:
4100 kJ/990 kcal
42g Eiweiß · 61 g Fett
63g Kohlenhydrate

- Zubereitungszeit: etwa 20 Minuten

1. Das Stangenbrot in Scheiben schneiden und auf dem Raclettegerät aufbacken.

2. Die Schinkenscheiben in Größe der Raclettepfännchen zurechtschneiden und auf einer Platte anrichten.

3. Die Paprikaschote halbieren, vom Stielansatz, den Kernen und den weißen Rippen befreien, waschen und klein würfeln.

4. Die Eier mit der Sahne, dem Salz und dem Paprikapulver verquirlen, die Paprikawürfel unterheben und zu Tisch bringen.

5. Den Käse reiben, in eine Schale füllen und mit dem Öl und den Cornichons ebenfalls auf den Tisch stellen.

6. Jeweils 1 Teelöffel Öl im Raclettepfännchen erhitzen, eine Schinkenscheibe ins Öl legen und anbraten, bis sie sich leicht wölbt, etwa 3 Eßlöffel von der Eiermasse über den Schinken gießen und diese im Raclettegerät stocken lassen.

7. Auf die Eiermasse 1 Eßlöffel Käse streuen und die Portion überbacken, bis der Käse Farbe angenommen hat. Die Raclette mit dem Weißbrot und den Cornichons essen.

Austern-Raclette

Austern-Kenner schätzen überbackene Austern auf Spinat. Ich habe sie lieber auf Chinakohl, mit jungem Pecorino (Schafkäse aus Italien) überbacken.

Zutaten für 4 Personen:
500g Stangenweißbrot
400g Chinakohl
Salz
2 Eßl. Butter
24 frische Austern
100g Pecorino (italienischer Schafkäse)
150g Crème fraîche

Raffiniert

Pro Portion etwa:
2600 kJ/620 kcal
21 g Eiweiß · 31 g Fett
62g Kohlenhydrate

- Zubereitungszeit: etwa 35 Minuten

1. Das Brot in nicht zu dünne Scheiben schneiden und auf dem Raclettegerät aufbacken.

2. Den Chinakohl putzen, waschen, in Streifen schneiden, tropfnaß mit Salz in einen Topf geben und offen erhitzen, bis er deutlich weich und die Flüssigkeit verdampft ist. Den Kohl mit der Butter mischen.

3. Die Austern mit dem Austernmesser öffnen und in einer Schalenhälfte mit dem Meerwasser anrichten.

4. Den Käse reiben und mit der Crème fraîche in einer Schüssel auf den Tisch stellen.

5. Die Raclettepfännchen mit dem Chinakohl füllen, jeweils 2 Austern daraufgeben, mit Crème fraîche bedecken, mit Käse bestreuen und überbacken. Das Brot dazu essen.

Im Bild oben: Schinken-Raclette
Im Bild unten: Austern-Raclette

Raclette mit Lammfilet

Das zarte Fleisch läßt sich gut im Raclettepfännchen braten. Mit Kräutern und mit Bel Paese überbacken ergibt es ein delikates Raclette-Gericht. Bel Paese, ein italienischer Vollmilchkäse, ist mild im Geschmack und eignet sich gut zum Überbacken.

Zutaten für 4 Personen:
600 g Lammfilet
1/4 l Buttermilch
je 2–3 Zweige Rosmarin und Thymian
100 g Bel Paese (italienischer Vollmilchkäse)
4 frische Roggenbrötchen
6 Eßl. Walnußöl
Nach Geschmack:
Salz und frischgemahlener schwarzer Pfeffer

Braucht etwas Zeit

Pro Portion etwa:
2100 kJ/500 kcal
41 g Eiweiß · 28 g Fett
18 g Kohlenhydrate

- Marinierzeit: etwa 2 Stunden
- Zubereitungszeit: etwa 30 Minuten

1. Das Fleisch waschen, trockentupfen und etwa 2 Stunden in der Buttermilch im Kühlschrank marinieren.

2. Die Kräuter waschen und trockenschwenken. Die Blättchen und die Nadeln abzupfen und in einem Schälchen anrichten. Den Käse grob reiben und ebenfalls anrichten. Das Raclettegerät anheizen und die Brötchen darauf toasten.

3. Das Fleisch aus der Buttermilch nehmen, trockentupfen und in sehr dünne Scheibchen schneiden. Dann auf eine flache Platte legen, mit dem Öl übergießen und darin wenden. Die Platte auf den Tisch stellen.

4. Jeweils einige Fleischscheiben im Pfännchen anbraten; einmal wenden, nach Geschmack leicht salzen und pfeffern. Das Fleisch mit Kräutern und etwas Käse bestreuen und so lange überbacken, bis der Käse leicht gebräunt ist. Mit den getoasteten Brötchen essen.

Gratinierte Entenbrüste

Die leicht süße Paste, die das Fleisch vor dem Austrocknen schützt, harmoniert exzellent mit mittelaltem Gouda. Wem die Gechmacksrichtung zu »lieblich« ist, sollte alten Gouda verwenden. Und wer es gern ganz mild und süßsauer mag, nimmt am besten jungen Gouda.

Zutaten für 4 Personen:

600 g Entenbrüstchen
2 Eßl. Öl
3 Orangen
2 Eßl. flüssiger Honig
2 Eßl. Cointreau
2 Eßl. Zitronensaft
100 g geriebene Walnüsse
Salz
frisch gemahlener weißer Pfeffer
500 g Stangenweißbrot
100 g mittelalter Gouda

Für Gäste

Pro Portion etwa:
etwa 3300 kJ/750 kcal
49 g Eiweiß · 56 g Fett
89 g Kohlenhydrate

- Zubereitungszeit: etwa 1 Stunde

1. Den Backofen auf 220° vorheizen. Die Entenbrüste waschen, abtrocknen und Fett und Sehnen entfernen. Das Fleisch in dem Öl kräftig von allen Seiten anbraten. Im Backofen weitere 10 Minuten braten, kurz ruhen lassen, in nicht zu dünne Scheiben schneiden und anrichten.

2. Die Orangen wie einen Apfel schälen, die weiße Unterhaut entfernen, in runde Scheiben schneiden und dabei den abtropfenden Saft auffangen. Die Orangenscheiben vierteln und anrichten.

3. Den Orangensaft mit dem Honig, dem Cointreau, dem Zitronensaft, den Nüssen, Salz und dem Pfeffer zu einer Paste verrühren und ebenfalls anrichten. Das Brot in Scheiben schneiden und auf dem Raclettegerät aufbacken. Den Käse reiben und auf den Tisch stellen.

4. Die Raclettepfännchen mit Fleisch belegen. Jeweils etwas von der Paste darauf streichen, Käse darüber streuen und überbacken, bis der Käse geschmolzen und leicht gebräunt ist. Mit dem Holzspatel aus den Pfännchen schaben und das Brot dazu essen.

Spinat-Raclette mit Lachs

Geräucherter Lachs ist nicht billig. Doch da Lachs geschmacksintensiv und ziemlich fettreich ist, braucht man für diese Raclette nur relativ wenig.

Zutaten für 4 Personen:
500g junger Spinat
Salz
1 Prise frisch gemahlene Muskatnuß
150g Champignons
8 Scheiben Vollkorntoast
200g geräucherter Lachs in dünnen Scheiben
100g Emmentaler in dünnen Scheiben
8 Teel. Butter

Exklusiv

Pro Portion etwa:
1800 kJ/430 kcal
26g Eiweiß · 26g Fett
22g Kohlenhydrate

• Zubereitungszeit: etwa 1 Stunde

1. Den Spinat verlesen, waschen, tropfnaß mit dem Salz und dem Muskat im offenen Topf erhitzen, bis er leicht zusammenfällt.

2. Die Pilze abreiben, die Stielenden kürzen, die Köpfe in nicht zu dünne Scheiben schneiden, mit dem Spinat mischen und diesen zugedeckt zu Tisch bringen.

3. Das Toastbrot, den Lachs und den Käse in Größe der Raclettepfännchen zurechtschneiden und auf je einer Platte anrichten. Das Raclettegerät anheizen.

4. Jeweils ein Stück Toast mit einem Teelöffel Butter belegen und im Raclettegerät leicht toasten. Auf die gebutterte Oberseite eine Scheibe Lachs geben und mit Spinat bedecken. Auf den Spinat eine Käsescheibe legen und alles überbacken, bis der Käse gebräunt ist.

Spargel-Raclette

Wenn Spargel Saison hat, werden oft auch Spargelspitzen angeboten. Sie eignen sich für die kleinen Raclettepfännchen besonders gut. Sonst können Sie ganze Spargelstangen zubereiten und nur die Spitzen für die Raclette verwenden. Die unteren Enden sind dann die Basis für einen feinen Salat, den Sie nach eigenen Vorstellungen »komponieren« können.

Zutaten für 6 Personen:
1 kg Spargelspitzen
Salz
1 Prise Zucker
1/8 l trockener Weißwein
500g neue Kartoffeln
200g Port-Salut-Käse
125g Sahne
200g zarter roher Schinken in dünnen Scheiben
Nach Geschmack:
frisch gemahlener weißer Pfeffer

Etwas teurer

Pro Portion etwa:
1400 kJ/330 kcal
24g Eiweiß · 19g Fett
17g Kohlenhydrate

• Zubereitungszeit: etwa 1 Stunde

1. Den Spargel waschen und schälen. Die Schalen zugedeckt in wenig Wasser etwa 15 Minuten auskochen, danach mit dem Schaumlöffel aus dem Sud nehmen. Salz, den Zucker und den Wein in den Sud geben, aufkochen, die Spargelspitzen in einem Dämpfsieb darüber stellen und zugedeckt in etwa 15 Minuten garen.

2. Die Kartoffeln bürsten und von Wasser bedeckt in 25–30 Minuten garen. Das Raclettegerät anheizen und die gegarten Kartoffeln darauf heiß halten.

3. Den Käse grob raspeln. Die Sahne halbsteif schlagen, die Käseraspel unterheben und in einer Schale anrichten. Den Schinken auf einer Platte anrichten. Den Spargel auf Küchenkrepp abtropfen lassen und auf einer vorgewärmten Platte anrichten.

4. Jeweils eine Schinkenscheibe in das Pfännchen legen, darauf einige Spargelspitzen verteilen und diese mit der Käsesahne bedecken. Jede Portion überbacken, bis die Käsesahne leicht gebräunt ist. Die Kartoffeln zur Raclette essen.

Im Bild oben: Spinat-Raclette mit Lachs
Im Bild unten: Spargel-Raclette

Raclette à la lorraine

Die Zutaten, die zum Füllen der Quiche lorraine verwendet werden, schmecken genauso würzig, wenn sie im Raclettegerät überbacken und mit frischem kräftigem Land- oder Vollkornbrot serviert werden. Für Speckverächter Schinken als Alternative bereitstellen!

Zutaten für 4 Personen:
4 Schalotten
150 g geräucherter durchwachsener Speck in sehr dünnen Scheiben
1/8 l Öl
150 g Reblochon (halbfester französischer Schnittkäse)
1/8 l Milch
4 Eier
Salz
1 Teel. Paprikapulver, edelsüß
400 g frisches Land- oder Vollkornbrot

Preiswert

Pro Portion etwa:
3100 kJ/740 kcal
27 g Eiweiß · 50 g Fett
39 g Kohlenhydrate

- Zubereitungszeit: etwa 30 Minuten

1. Die Schalotten schälen, klein würfeln und mit dem Speck und dem Öl (in je einem Schälchen) zu Tisch bringen. Das Raclettegerät anheizen.

2. Den Käse reiben. Die Milch mit den Eiern verquirlen, mit Salz und dem Paprikapulver würzen, den Käse untermischen, anrichten und einen kleinen Schöpflöffel dazugeben.

3. Bei Tisch jeweils einige Schalottenwürfel in Öl glasig braten. Eine Speckscheibe darauflegen und braten, bis das Speckfett durchsichtig ist.

4. Einen Schöpflöffel von der Eiermilch über den Speck gießen und stocken lassen. Zu frischem Brot essen.

Raclette à la Pizzeria

Pizza-Genuß im Kleinen ist eine echte Schlemmerei. Statt des Teigbodens streift man seine überbackene Portion auf eine Toastbrotecke und genießt sie mit pikant angemachtem Römischem Salat und italienischem Landwein.

Zutaten für 6 Personen:
6 mittelgroße Tomaten
3 mittelgroße Zwiebeln
3 Knoblauchzehen
3 grüne Paprikaschoten
1–2 kleine frische Peperoni
100 g Champignons
1 Bund Basilikum
12 Scheiben Toastbrot
200 g Pecorino (italienischer Schafkäse)
200 g Salami in dünnen Scheiben
12 Sardellenfilets
200 g schwarze Oliven
1/8 l Olivenöl
Salz und weißer Pfeffer in der Mühle

Gelingt leicht

Pro Portion etwa:
2800 kJ/670 kcal
19 g Eiweiß · 51 g Fett
32 g Kohlenhydrate

- Zubereitungszeit: etwa 40 Minuten

1. Die Tomaten waschen, in Scheiben schneiden und die grünen Stielansätze entfernen.

2. Die Zwiebeln und die Knoblauchzehen schälen, die Zwiebeln in Ringe schneiden, den Knoblauch klein würfeln.

3. Die Paprikaschoten und die Peperoni waschen, abtrocknen und halbieren. Von den Stielansätzen, den Kernen und den weißen Rippen befreien und in Streifen schneiden.

4. Die Champignons abreiben und in Scheiben schneiden. Das Basilikum waschen, trockenschwenken und die Blättchen von den Stielen zupfen.

5. Das Toastbrot auf dem Raclettegerät rösten. Den Käse klein würfeln.

6. Die Salamischeiben mit den längs halbierten Sardellenfilets, den Oliven und den restlichen Zutaten zu Tisch bringen.

7. Jeder Teilnehmer an der Mahlzeit füllt sein Pfännchen mit den angebotenen Zutaten, streut etwas Käse darüber, träufelt wenig Öl darauf und überbäckt seine Portion im Raclettegerät.

Im Bild oben: Raclette à la lorraine
Im Bild unten: Raclette à la Pizzeria

Gratinierte Seezunge

Eine elegante kleine Stärkung zu einem edlen Weißwein oder die Vorspeise eines festlichen Menüs.

Zutaten für 4 Personen:
1 Schalotte
4 Seezungenfilets
Salz
frisch gemahlener weißer Pfeffer
1/8 l trockener Weißwein
1 Teel. Zitronensaft
400 g Stangenweißbrot
je 2 Zweige Estragon und Kerbel
100 g junger Gouda
150 g Mascarpone
(italienischer Frischkäse)
8 Teel. Butter

Exklusiv

Pro Portion etwa:
2400 kJ/570 kcal
32 g Eiweiß · 26 g Fett
51 g Kohlenhydrate

- Zubereitungszeit: etwa 40 Minuten

1. Die Schalotte schälen und würfeln. Die Seezungenfilets waschen, trockentupfen, längs halbieren und mit Salz und Pfeffer würzen.

2. Die Schalotte mit dem Wein und dem Zitronensaft aufkochen, die Fischfilets darin bei schwacher Hitze etwa 7 Minuten ziehen lassen. Auf keinen Fall kochen lassen.

3. Das Brot in Scheiben schneiden und aufbacken.

4. Die Kräuter waschen, trockentupfen und die Blättchen etwas kleinschneiden.

5. Den Käse reiben und mit den Kräutern unter den Mascarpone mischen. Die Seezungenfilets auf einer vorgewärmten Platte anrichten.

6. Jeweils 1 Teelöffel Butter im Pfännchen zerlassen und ein halbes Filet hineingeben. Das Filet mit dem Mascarponegemisch bedecken und gratinieren. Das Weißbrot dazu essen.

Raclette mit Jakobsmuscheln

Jakobsmuscheln gibt es vorwiegend tiefgefroren und bereits ausgelöst zu kaufen. Sie bleiben zart und aromatisch, wenn man sie langsam über Stunden im Kühlschrank auftauen läßt. Dazu die Muscheln aus der Verpackung nehmen und zugedeckt in den Kühlschrank stellen. Der orangerote Corail ist der Rogen dieser Muscheln und schmeckt besonders delikat.

Zutaten für 4 Personen:
1 große, reife Avocado
3 Teel. Zitronensaft
Salz
frisch gemahlener weißer Pfeffer
2 Schalotten
12 Jakobsmuscheln, aufgetaut und
gewaschen
400 g Stangenweißbrot
1 Bund Dill
75 g Sbrinz-Käse
100 g Mascarpone
(italienischer Frischkäse)
12 Teel. Butter
6 Teel. trockener Sherry

Für Gäste

Pro Portion etwa:
3000 kJ/710 kcal
26 g Eiweiß · 46 g Fett
51 g Kohlenhydrate

- Zubereitungszeit: etwa 30 Minuten

1. Die Avocado schälen, längs halbieren, den Stein auslösen, in Scheiben schneiden und anrichten. Den Zitronensaft mit Salz und Pfeffer verrühren und über die Avocado träufeln.

2. Die Schalotten schälen und würfeln und mit den Muscheln anrichten. Das Brot in Scheiben schneiden und auf dem Raclettegerät aufbacken.

3. Den Dill waschen, trockenschwenken und die Spitzen abzupfen. Den Käse reiben und mit den Dillspitzen unter den Mascarpone mischen. Alle vorbereiteten Zutaten mit der Butter und dem Sherry zu Tisch bringen.

4. Jeweils 1 Teelöffel Butter im Pfännchen schmelzen lassen, einige Schalottenwürfel und 1 Muschel von jeder Seite 1 Minute braten. Die Muschel herausnehmen. Das Pfännchen mit Avocadoscheiben belegen, die Muscheln darauf legen, mit 1/2 Teelöffel Sherry beträufeln, mit dem Mascarponegemisch bedecken und überbacken.

Im Bild oben: Gratinierte Seezunge
Im Bild unten: Raclette mit Jacobsmuscheln

Flambierte Kalbsnieren

Für diese Raclette braucht man etwas Muße, nette Gäste und einen guten Tropfen Wein. Die Zeremonie des Flambierens macht Vielen großen Spaß und gibt den Nierchen das gewisse Etwas. Sollte der Cognac etwas knapp bemessen sein, so steht die Flasche bestimmt noch in Reichweite.

Zutaten für 6 Personen:
800 g Kalbsnieren
600 g neue Kartoffeln
2 kleine Zwiebeln
8 Eßl. Cognac
Salz
frisch gemahlener weißer Pfeffer
4 Eßl. Mehl
100 g Emmentaler
250 g Crème fraîche
2 Eßl. gehackte Petersilie
50 g Kokosfett

Raffiniert

Pro Portion etwa:
2400 kJ/570 kcal
31 g Eiweiß · 39 g Fett
21 g Kohlenhydrate

- Zeit zum Wässern: etwa 40 Minuten
- Zubereitungszeit: etwa 40 Minuten

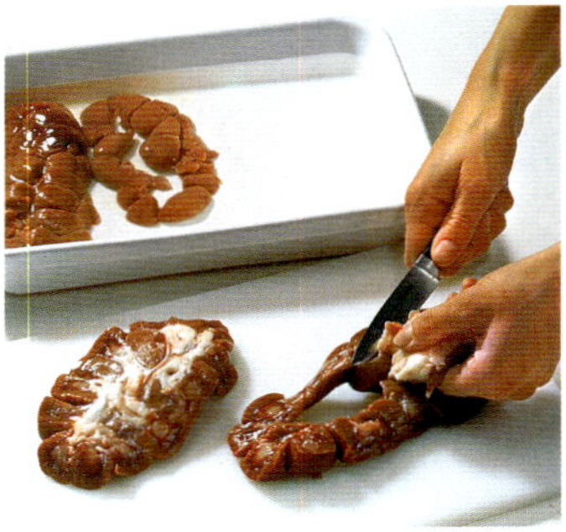

1. Die Nieren waagerecht halbieren und mit einem spitzen Messer alle Häutchen und harten Röhren aus dem Inneren herausschneiden. Die Nieren dann von kaltem Wasser bedeckt etwa 40 Minuten wässern; dabei das Wasser dreimal wechseln.

2. Die Kartoffeln unter fließendem Wasser bürsten. In einem Topf von Wasser bedeckt zum Kochen bringen und in 25–35 Minuten garen. Das Raclettegerät anheizen und die fertigen Kartoffeln darauf heiß halten.

3. Die Zwiebeln schälen und klein würfeln. Die Nieren trockentupfen, in etwa 1 cm dicke Scheibchen schneiden und in dem Cognac wenden. Den übrigen Cognac in einem Schälchen zugedeckt auf das Raclettegerät stellen.

4. Das Salz mit dem Pfeffer und dem Mehl mischen und auf einen flachen Teller schütten. Die Nierenscheibchen beidseitig im Mehl wenden und mit den Zwiebelwürfeln auf einer Platte anrichten.

5. Den Käse grob raspeln, mit der Crème fraîche verrühren und in einer Schale anrichten. Die Petersilie ebenfalls in ein Schälchen geben und mit dem Kokosfett zu Tisch bringen.

6. Jeweils einige Zwiebelwürfel in wenig Fett glasig braten und dann 1–2 Nierenscheibchen darin von jeder Seite etwa 2 Minuten braten.

7. Die Nieren mit der Crème fraîche bedecken und noch so lange überbacken, bis die Käsecreme leicht Farbe angenommen hat.

8. Die Pfännchen aus dem Gerät nehmen, wenig Cognac darüber träufeln, diesen anzünden und ausbrennen lassen. Die Portionen mit dem Holzspatel auf die Teller schaben, etwas Petersilie darüberstreuen und die Kartoffeln dazu verzehren.

Varianten:
Nach dem Rezept für flambierte Kalbsnierchen können Sie auch Rinderfiletscheibchen zubereiten. Statt des Cognacs sollten Sie dann aber besser Armagnac verwenden.
Zum Flambieren eignen sich auch Scheiben vom Lammrückenfilet. Man sollte sie allerdings zuvor in Olivenöl mit etwas Rosmarin einige Stunden marinieren und dann auch in diesem Öl anbraten. Die Fleischstücke im Raclettepfännchen mit mildem, geriebenem Käse überbacken und dann mit etwas Kirschwasser und wenig Pfefferminzlikör beträufeln und anzünden.
Eine andere Möglichkeit ist es, gebratenes Schweinefilet in dünnen Scheibchen mit entsteinten, halbierten Backpflaumen zu belegen, mit einer dünnen Scheibe Gomser Käse zu überbacken und mit wenig Zwetschgenwasser zu flambieren.

Raclette mit Kalbsleber

Zarte Kalbsleber können Sie im Raclettegerät im Handumdrehen garen.

Zutaten für 4 Personen:
500 g gleich große Kartoffeln
600 g Kalbsleber
4 kleine Schalotten
1 Bund Rauke
4 Salbeiblättchen
150 g Provolone (italienischer Hartkäse)
4 Eßl. Öl
Salz und weißer Pfeffer in der Mühle
1/8 l trockener Weißwein
2 Eßl. Butterflöckchen

Für Gäste

Pro Portion etwa:
2400 kJ/570 kcal
41 g Eiweiß · 31 g Fett
27 g Kohlenhydrate

- Zubereitungszeit: etwa 35 Minuten

1. Die Kartoffeln bürsten, in einem Topf mit Wasser bedecken und in 25–35 Minuten garen. Ausdämpfen lassen und auf dem Raclettegerät heiß halten.

2. Die Leber waschen, trockentupfen, in Scheiben schneiden, Häutchen und harte Stränge entfernen, anrichten.

3. Die Schalotten schälen und würfeln. Die Rauke und den Salbei waschen, trockentupfen und beides anrichten.

4. Den Käse in dünne Scheiben in Größe der Raclettepfännchen schneiden. Mit dem Öl, dem Salz, dem Pfeffer, dem Wein und der Butter zu Tisch bringen.

5. Jeweils einige Schalottenwürfel in wenig Öl glasig braten und die Leberscheiben von jeder Seite knapp 1–2 Minuten mitbraten.

6. Die Leber leicht salzen und pfeffern, mit Salbei und einigen Raukeblättern belegen. 2 Teelöffel Wein darüber träufeln, mit Käse bedecken und darauf Butterflöckchen geben. Die Leber so lange überbacken, bis der Käse zu schmelzen beginnt und etwas Farbe angenommen hat.

Raclette mit Hähnchengeschnetzeltem

Mit Vacherin, einem Schweizer halbweichen Käse überbacken, gewinnt das Geschnetzelte festlichen Charakter. Sie können allerdings auch auf Munster oder Brie ausweichen.

Zutaten für 4 Personen:
25 g getrocknete Morcheln
600 g Hähnchenbrustfilets
500 g Baguette
150 g Vacherin-Käse
3 Eigelb
200 g Sahne
Salz und Paprikapulver, edelsüß
4 Eßl. Butterflöckchen
1/8 l trockener Weißwein

Gelingt leicht

Pro Portion etwa:
3600 kJ/860 kcal
69 g Eiweiß · 36 g Fett
61 g Kohlenhydrate

- Einweichzeit: etwa 6 Stunden
- Zubereitungszeit: etwa 30 Minuten

1. Die Morcheln in lauwarmem Wasser einweichen. Eine halbe Stunde vor dem Essen die Hähnchenfilets waschen, trockentupfen, in dünne Streifen schneiden und auf einer Platte anrichten.

2. Die Baguettes in schräge, nicht zu dünne Streifen schneiden und auf dem Raclettegerät aufbacken.

3. Den Käse in kleine Würfel schneiden. Die Eigelbe mit der Hälfte der Sahne verquirlen, den Käse untermischen und die Creme mit etwas Salz und Paprikapulver abschmecken.

4. Die Morcheln abgießen, klein würfeln und mit der restlichen Sahne mischen. Alle weiteren vorbereiteten Zutaten mit den Butterflöckchen und dem Wein zu Tisch bringen.

5. In den Raclettepfännchen etwas Butter schmelzen lassen. Kleine Portionen Hähnchenfleisch darin anbraten, leicht salzen, etwas Wein und Morchelsahne darübergeben und noch einmal kurz brutzeln lassen. Zuletzt jede Portion mit Käsecreme bedecken und überbacken, bis diese leicht zu bräunen beginnt. Mit dem Baguette essen.

Im Bild oben: Raclette mit Kalbsleber
Im Bild unten: Raclette mit Hähnchengeschnetzeltem

Rinderkluft auf Mark

Diese Raclette ist nichts anderes als die mengenmäßige Verwandlung eines berühmten Rezeptes: Aus einer großen Portion werden viele raffinierte kleine.

Zutaten für 4 Personen:
400 g Rinderkluft in dünnen Scheiben
frisch gemahlener weißer Pfeffer
200 ccm Madeirawein
1 Bund Frühlingszwiebeln
100 g Rindermark
(beim Metzger bestellen)
8 Scheiben Toastbrot
100 g Emmentaler
150 g Crème double
1 Messerspitze Ingwerpulver
Salz

Berühmtes Rezept

Pro Portion etwa:
2700 kJ/640 kcal
50 g Eiweiß · 35 g Fett
28 g Kohlenhydrate

- Zubereitungszeit: etwa 45 Minuten

1. Das Fleisch waschen, trockentupfen und zurechtschneiden, mit Pfeffer bestreuen und 15 Minuten in Madeira marinieren.

2. Die Frühlingszwiebeln waschen, putzen und in Ringe schneiden.

3. Das Mark in etwa 1/2 cm dicke Scheiben schneiden. Das Brot toasten, in Größe der Raclettepfännchen zurechtschneiden und zwischen Tüchern warm halten.

4. Das Fleisch im Wein zugedeckt etwa 6 Minuten bei schwacher Hitze dünsten und auf einer Platte anrichten. Die Platte zugedeckt auf das geheizte Raclettegerät stellen. Den Madeira in einem Schälchen ebenfalls aufs Gerät stellen.

5. Den Käse reiben, mit der Crème double und dem Ingwer verrühren. Mit Salz und allen vorbereiteten Zutaten zu Tisch bringen.

6. Markscheiben auf ein Stück Toast legen, salzen und im Raclettegerät kurz überbacken. Das Mark dann mit Frühlingszwiebeln bedecken, eine Fleischscheibe daraufgeben, diese etwas salzen, mit Käsecreme bestreichen und überbacken, bis die Creme Farbe annimmt.

Paprikatatar

Zu dieser Raclette empfehle ich weder Weißbrot noch Kartoffeln. Am besten schmeckt das Paprikatatar auf frischem Bauernbrot.

Zutaten für 4 Personen:
je 1 gelbe, grüne und rote Paprikaschote
2 kleine Zwiebeln
je 2 Zweige Oregano und Thymian
600 g Tatar
100 g saure Sahne
Salz
frisch gemahlener weißer Pfeffer
100 g Gomser Käse
4 Eßl. Butter

Gelingt leicht

Pro Portion etwa:
1200 kJ/290 kcal
40 g Eiweiß · 13 g Fett
4 g Kohlenhydrate

- Zubereitungszeit: etwa 30 Minuten

1. Die Paprikaschoten waschen, abtrocknen, halbieren und die Stielansätze, die weißen Rippen und die Kerne entfernen. Die Schoten in schmale Streifen, etwa in Größe der Raclettepfännchen, schneiden.

2. Die Zwiebeln schälen und klein würfeln. Die Kräuter waschen, trockentupfen, die Blättchen abzupfen und diese kleinschneiden.

3. Das Tatar mit den Zwiebeln, den Kräutern, der sauren Sahne vermengen und mit Salz und Pfeffer abschmecken.

4. Den Käse grob raspeln und mit der Butter und allen anderen vorbereiteten Zutaten zu Tisch bringen. Das Raclettegerät anheizen.

5. Butter in den Raclettepfännchen zerlassen. Etwas Tatar locker darauffüllen und Paprikastreifen von jeder Farbe daraufgeben. Mit Käse bestreuen und überbacken, bis der Käse zu bräunen beginnt.

Im Bild oben: Rinderkluft auf Mark
Im Bild unten: Paprikatatar

Schweinefilet mit Joghurtschaum

Zutaten für 4 Personen:
400 g Möhren
2 Eßl. Butter
2 Teel. Zucker, Salz
1 Baguette
2 Knoblauchzehen
75 g Butter
600 g Schweinefilet
weißer Pfeffer in der Mühle
1 Bund junges Basilikum
1/8 l Weißwein
100 g Emmentaler
150 g Sahnejoghurt
2 Eiweiß, 1/8 l Öl

Raffiniert

Pro Portion etwa:
3500 kJ/830 kcal
44 g Eiweiß · 51 g Fett
51 g Kohlenhydrate

- Zubereitungszeit: etwa 45 Minuten

1. Die Möhren dünn schälen, waschen und in 1 cm kleine Würfel schneiden. Die Butter mit dem Zucker zerlassen, die Möhrenwürfel etwa 6 Minuten darin glasieren, dann salzen und anrichten.

2. Die Knoblauchzehen kleinhacken, mit der Butter verkneten und die längs halbierten Baguettes damit bestreichen. Die Hälften wieder zusammenfügen, schräg in Scheiben schneiden und in Alufolie aufbacken.

3. Das Filet waschen, abtrocknen, enthäuten, in knapp 1 cm dicke Scheiben schneiden und mit Pfeffer bestreuen.

4. Das Basilikum waschen, trockenschwenken und mit dem Wein zum Filet geben.

5. Den Käse reiben und unter den Joghurt mischen. Die Eiweiße mit 1 Prise Salz zu Schnee schlagen, unter den Joghurt heben und mit allen Zutaten zu Tisch bringen.

6. Die Filetscheiben in den gefetteten Raclettepfännchen kurz anbraten, mit jeweils 1 Basilikumblättchen, Möhrenwürfeln, 2 Teelöffeln Wein und reichlich Joghurtschaum bedecken und überbacken. Das Knoblauchbaguette dazu essen.

Kalbfleisch mit Fenchelsahne

Kalbfleisch, Fenchel und Käse harmonieren gut miteinander und passen bestens zu einem Raclette-Essen.

Zutaten für 4 Personen:
2 Fenchelknollen
1 Eßl. Öl
2 Eßl. trockener Weißwein
200 g Sahne
Salz
500 g neue Kartoffeln
500 g Kalbsschnitzel
2 Eßl. Öl
weißer Pfeffer in der Mühle
150 g mittelalter Gouda

Braucht etwas Zeit

Pro Portion etwa:
1800 kJ/430 kcal
31 g Eiweiß · 23 g Fett
25 g Kohlenhydrate

- Zubereitungszeit: etwa 1 Stunde

1. Den Fenchel waschen, das zarte Grün abschneiden, putzen und in Streifen schneiden.

2. Das Öl erhitzen, den Fenchel darin anbraten, den Wein hinzufügen und zugedeckt etwa 5 Minuten dünsten. Das Fenchelgrün kleinschneiden.

3. Die Sahne mit dem Salz unter Umrühren aufkochen und im offenen Topf bei schwacher Hitze dick einkochen lassen.

4. Die Kartoffeln waschen, mit Wasser bedeckt in 25–35 Minuten garen, ausdämpfen lassen und heiß halten.

5. Die Schnitzel in Streifen schneiden und dabei Fett und Häutchen entfernen.

6. Das Öl erhitzen, das Fleisch unter Umwenden etwa 3 Minuten braten, auf eine Platte geben und mit Pfeffer übermahlen.

7. Den Käse raspeln und anrichten. Die eingekochte Sahne mit den Fenchelstreifen, dem Dünstsud und dem Fenchelgrün verrühren.

8. Die Raclettepfännchen mit Fleischstreifen belegen, etwas Fenchelsahne darüber gießen und mit Käse bestreuen. Die Portionen überbacken, bis der Käse geschmolzen ist.

Im Bild links: Kalbfleisch mit Fenchelsahne
Im Bild rechts und vorne: Schweinefilet mit Joghurtschaum

Garnelen in Senfcreme

Garnelen eignen sich gut zum Gratinieren. Am besten schmecken sie frisch gegart, wie sie oft angeboten werden. Meist sind sie auch schon gepalt. Muß man auf tiefgefrorene Garnelen ausweichen, dann nimmt man sie aus der Verpackung und läßt sie zugedeckt langsam über Stunden im Kühlschrank auftauen.

Zutaten für 6 Personen:
1 kg gegarte, gepalte Garnelen
600 g Baguette
2 Bund Dill
250 g Crème double
2 Eßl. milder Senf
2 Teel. Zitronensaft
1 Eßl. trockener Sherry
Salz
200 g Walliser Käse
4 Eßl. kleine Butterflöckchen

Exklusiv

Pro Portion etwa:
3000 kJ/710 kcal
49 g Eiweiß · 35 g Fett
51 g Kohlenhydrate

• Zubereitungszeit: etwa 40 Minuten

1. Die Garnelen abbrausen, abtropfen lassen und mit einem spitzen Messer den dunklen »Faden« (Darm) am gerundeten Ende entfernen. Die Garnelen auf einer Platte anrichten.

2. Die Baguette in Scheiben schneiden und auf dem geheizten Raclettegerät aufbacken.

3. Den Dill waschen, trockentupfen und das zarte Grün abzupfen. Die Hälfte davon mit der Crème double, dem Senf, dem Zitronensaft, dem Sherry und etwas Salz verrühren, die andere Hälfte in einem Schälchen zu Tisch bringen.

4. Den Käse grob raspeln, in eine Schale geben und mit den Butterflöckchen anrichten.

5. Jeweils ein Butterflöckchen im Raclettepfännchen zerlassen. Garnelen in die Butter legen, diese mit Senfcreme bedecken, mit Käse bestreuen und überbacken, mit etwas Dill bestreuen und mit Baguette essen.

Raclette mit Meeresfrüchten

Eine köstliche Mischung begehrter Delikatessen. Eine Raclette für ein Essen mit geschätzten Gästen, denen man gerne Besonderes bieten möchte.

Zutaten für 6 Personen:
800 g Stangenweißbrot
300 g tiefgefrorene Tintenfischringe (unpaniert)
400 g naturell eingelegte Muscheln
300 g geräucherte Makrelenfilets
200 g naturell eingelegter Thunfisch
300 g Butterkäse
Salz
weißer Pfeffer in der Mühle
1/8 l trockener Weißwein

Für Gäste

Pro Portion etwa:
3500 kJ/830 kcal
63 g Eiweiß · 38 g Fett
64 g Kohlenhydrate

• Zubereitungszeit: etwa 30 Minuten

1. Das Brot in nicht zu dünne Scheiben schneiden und auf dem geheizten Raclettegerät aufbacken.

2. Die Tintenfischringe aus der Verpackung nehmen und auf einer Platte anrichten; sie tauen auf, bis das Essen beginnt.

3. Die Muscheln abtropfen lassen und neben dem Tintenfisch anrichten.

4. Die Makrelenfilets und den Thunfisch in kleine Stücke teilen und ebenfalls auf der Platte anrichten.

5. Den Käse grob raspeln, in eine Schale geben und mit Salz, Pfeffer, dem Wein und der Fischplatte zu Tisch bringen.

6. Die Raclettepfännchen mit einer beliebigen Mischung von Meeresfrüchten und Fischstücken belegen, wenig Wein darüber träufeln, mit Käse bestreuen und überbacken, bis der Käse goldgelb ist. Die Portionen erst danach noch leicht würzen.

Bild oben: Garnelen im Senfcreme
Bild unten: Raclette mit Meeresfrüchten

Puffer-Raclette

Die folgenden Raclettes erfordern zwar etwas Vorarbeit in der Küche, doch stehen sie auf der Beliebtheitsskala an exponierter Stelle. Denn Kartoffelpuffer, Kartoffelplinsen und Crêpes sind eine deliziöse und begehrte Basis für kleine überbackene Delikatessen. Statt der Puffer kann man auch dünne Buchweizen-, Grünkernplätzchen oder Hirseplinsen für die Raclette verwenden.

Zutaten für 6 Personen:
1,8 kg mehlig kochende Kartoffeln
Salz
4 Eier
Nach Bedarf etwas Mehl
150 g Kokosfett zum Braten
500 g möglichst kleine Auberginen
Salz
5 Eßl. Öl
3 rote Paprikaschoten
500 g Greyerzer Käse
Paprikapulver, edelsüß

Preiswert

Pro Portion etwa:
3780 kJ/900 kcal
37 g Eiweiß · 56 g Fett
51 g Kohlenhydrate

- Zubereitungszeit:
  etwa 1 1/2 Stunden

1. Die Kartoffeln waschen, schälen und abbrausen. Auf der Gemüsereibe raspeln und in einem mit einem Tuch ausgelegten Sieb abtropfen lassen; dabei im Tuch leicht ausdrücken. Die Kartoffelmasse mit Salz und den Eiern vermengen; wenn die Masse zu weich ist, mit etwas Mehl anreichern.

2. Nach und nach wenig Kokosfett in einer Pfanne zerlassen, jeweils 3–4 Teelöffel der Kartoffelmasse im Fett in Größe der Raclettepfännchen verstreichen und von beiden Seiten knusprig braten. Die fertigen Puffer im leicht geöffneten Backofen bei 150° heiß halten.

3. Die Auberginen waschen, abtrocknen, hauchdünn längs in Scheiben schneiden, mit Salz bestreuen. 15 Minuten ziehen lassen, kurz abspülen, trockentupfen, quer halbieren und in Öl portionsweise braten. Die Paprikaschoten waschen, putzen, in Streifen schneiden und mit den Auberginen anrichten.

4. Den Käse in dünne Scheiben in Größe der Pfännchen schneiden und anrichten. Jeweils einen Puffer in das Pfännchen legen, diesen mit einer Auberginenscheibe, Paprikastreifen und einer Käsescheibe belegen, den Käse mit wenig Paprikapulver bestreuen und überbacken.

Crêpes mit Spargel

Crêpes lassen sich noch raffinierter für eine Raclette verwenden, denn in die hauchdünnen Küchlein kann man feine Ingredienzen packen, die unter der Käsekruste schonend erwärmt werden. Zum Füllen eignen sich Meeresfrüchte, zartes Fleisch, Geflügel, Gemüse, das man auch roh oder nur kurz blanchiert essen kann, oder aromatisches Obst.

Zutaten für 6 Personen:

- *1 1/2 kg grüner Spargel*
- *Salz*
- *1 Stück Würfelzucker*
- *175 g Mehl*
- *1 Ei*
- *3 Eigelb*
- *1/8 l Sahne*
- *Salz*
- *Mineralwasser*
- *100 g Mozzarella*
- *1 Bund Basilikum*
- *200 g Lachsschinken*
- *100 g Butterschmalz*

Raffiniert

Pro Portion etwa:
1500 kJ/360 kcal
20 g Eiweiß · 13 g Fett
27 g Kohlenhydrate

- Zubereitungszeit: etwa 1 Stunde

1. Den Spargel waschen, die unteren Drittel der Stangen schälen, die Enden kürzen. Den Spargel bündeln, mit Salz und dem Zucker in kochendes Wasser legen und zugedeckt in etwa 18 Minuten garen. Den Spargel abtropfen lassen, halbieren und dann zugedeckt auf dem Raclettegerät heiß halten.

2. Inzwischen für die Crêpes das Mehl mit dem Ei, den Eigelben, der Sahne, Salz und so viel Mineralwasser verrühren, daß ein leicht flüssiger Teig entsteht. Den Teig etwa 20 Minuten ruhen lassen. Den Käse in kleine Würfel schneiden. Das Basilikum waschen, trockentupfen und die Blättchen abzupfen. Den Lachsschinken anrichten.

3. Jeweils wenig Butter in einer Pfanne erhitzen, 2 – 3 Eßlöffel vom Crêpeteig hineinträufeln und etwa untertassengroße Crêpes braten. Die fertigen Crêpes im leicht geöffneten Backofen bei 150° heiß halten.

4. Alle Zutaten zu Tisch bringen. Den Spargel in so große Stücke schneiden, daß man sie zuerst in Lachsschinken und dann in eine Crêpe einschlagen kann. Die Crêpepäckchen in das Raclettepfännchen legen. Mit wenig Käse bestreuen und überbacken, bis der Käse geschmolzen ist. Zuletzt mit einem Basilikumblättchen belegen.

Mangohähnchen-Crêpes

Zutaten für 4 Personen:
150g Mehl
1 Ei
2 Eigelb
1/8 l Sahne
Salz
Mineralwasser
100g Butterschmalz
1 große Mango
1 Teel. Zitronensaft
2 Eßl. Orangensaft
2 Teel. Ahornsirup oder Honig
1/2 Teel. Ingwerpulver
500g Hähnchenbrustfilet
frisch gemahlener weißer Pfeffer
Curry
2 Eßl. Öl
150g Crème double
75g frisch geriebener Emmentaler

Exklusiv

Pro Portion etwa:
3700 kJ/880 kcal
44g Eiweiß · 58g Fett
44g Kohlenhydrate

- Zubereitungszeit: etwa 1 1/2 Stunden

1. Das Mehl mit dem Ei, den Eigelben, der Sahne, Salz und soviel Mineralwasser verrühren, daß ein leicht flüssiger Teig entsteht. Das Butterschmalz nach und nach zerlassen, portionsweise untertassengroße, dünne Crêpes backen und im Backofen heiß halten.

2. Die Mango schälen, das Fruchtfleisch in Spalten von den Steinen schneiden und die Spalten quer halbieren. Den Zitronen-, den Orangensaft, den Ahornsirup und das Ingwerpulver verrühren, über die Mangospalten träufeln und anrichten.

3. Das Hähnchenfleisch in Streifen schneiden, mit Salz, Pfeffer und Curry einreiben und im heißen Öl von allen Seiten etwa 4 Minuten braten. Die Crème double mit dem Käse verrühren.

4. Das Raclettegerät heizen. Jeweils einige Mangospalten mit wenig Saft und Hähnchenfleisch in eine Crêpe schlagen, mit wenig Käsecreme bestreichen und überbacken, bis die Creme etwas Farbe angenommen hat.

Garnelen im Päckchen

Für die Alfalfasprossen müssen Sie etwa 3 Tage Zeit rechnen, bis die angesetzten Samen Sprossen gebildet haben.

Zutaten für 4 Personen:
30g Alfalfasamen
200g gegarte, gepalte Garnelen
2 Eßl. helle Sojasauce
1 Bund Dill
150g Mehl
1 Ei
2 Eigelb
1/8 l Sahne
Salz
Mineralwasser
100g Butterschmalz
150g Sahnejoghurt
75g frisch geriebener Sbrinz-Käse

Etwas teuer

Pro Portion etwa:
2310 kJ/550 kcal
26g Eiweiß · 27g Fett
31 g Kohlenhydrate

- Zubereitungszeit: etwa 45 Minuten
- Zeit zum Sprossen: etwa 3 Tage

1. Die Alfalfasamen in ein Glas geben, mit lauwarmem Wasser bedecken und 2 Stunden stehenlassen. Das Glas mit einem Tuch zubinden und das Wasser durch das Tuch ablaufen lassen. Die Samen morgens und abends in gleicher Weise durchspülen und das Wasser sofort abgießen.

2. Die Garnelen mit der Sojasauce beträufeln. Den Dill waschen und das zarte Grün abzupfen.

3. Das Mehl mit dem Ei, den Eigelben, der Sahne, Salz und so viel Mineralwasser verrühren, daß ein leicht flüssiger Teig entsteht. Aus dem Teig in Butterschmalz untertassengroße Crêpes braten.

4. Die Alfalfasprossen abbrausen und abtropfen lassen. Den Joghurt mit dem Käse verrühren. Einige Sprossen und Garnelen in eine Crêpe einschlagen, diese mit Käsecreme bestreichen und überbacken.

Im Bild oben: Mangohähnchen-Crêpes
Im Bild unten: Garnelen im Päckchen

Gemüsecrêpes

Das verwendete Gemüse sollte sehr jung sein, damit es nur eine kurze Garzeit benötigt.

Zutaten für 4 Personen:
25 g getrocknete Morcheln
200 g junge, gepalte Erbsen
400 g junge Möhren
1 Eßl. Butter
2 Teel. Zucker
100 g Crème double
Salz
2 Eßl. gehackte Petersilie
150 g Mehl
1 Ei
2 Eigelb
1/8 l Milch
Salz
Mineralwasser
100 g Butterschmalz
100 g Gorgonzolakäse

Preiswert

Pro Portion etwa:
2410 kJ/570 kcal
14 g Eiweiß · 28 g Fett
50 g Kohlenhydrate

- Einweichzeit: etwa 6 Stunden
- Zubereitungszeit: etwa 1 Stunde

1. Die Morcheln einweichen. Etwa 1 Stunde vor dem Essen zugedeckt mit 2 Eßlöffeln Wasser dünsten. Die Möhren bürsten, waschen und klein würfeln. Die Butter mit dem Zucker zerlassen, die Möhren kurz glasieren und mit den Erbsen, der Crème double, Salz und der Petersilie mischen.

2. Die Morcheln waschen, vierteln, unter das Gemüse mischen und auf dem Raclettegerät warm halten.

3. Das Mehl mit dem Ei, den Eigelben, der Milch, dem Salz und so viel Mineralwasser verrühren, daß ein leicht flüssiger Teig entsteht. Das Butterschmalz in einer Pfanne nach und nach zerlassen und portionsweise untertassengroße Crêpes darin braten. Die fertigen Crêpes im leicht geöffneten Backofen bei 150° heiß halten.

4. Den Käse in eine Schale bröckeln und alle vorbereiteten Zutaten zu Tisch bringen. Jeweils vom Gemüse kleine Portionen in eine Crêpe einschlagen, die Crêpe mit Käse bestreuen und überbacken, bis der Käse Farbe angenommen hat.

Crêpes mit Roastbeef

Roastbeef wird bereits fertig gegart verkauft. Lassen Sie sich das gewünschte Quantum gleich in sehr dünne Scheiben schneiden, dann brauchen Sie die Scheiben nur noch zu halbieren.

Zutaten für 4 Personen:
150 g Mehl
1 Ei
2 Eigelb
125 g Sahne
Salz
Mineralwasser
100 g Butterschmalz
400 g Roastbeef in dünnen Scheiben
200 g saure Sahne
150 g Preiselbeerkonfitüre
100 g frisch geriebener mittelalter Gouda

Gelingt leicht

Pro Portion etwa:
3310 kJ/780 kcal
37 g Eiweiß · 43 g Fett
47 g Kohlenhydrate

- Zubereitungszeit: etwa 45 Minuten

1. Das Mehl mit dem Ei, den Eigelben, der Sahne, Salz und so viel Mineralwasser verrühren, daß ein leicht flüssiger Teig entsteht. Den Teig etwa 15 Minuten ruhen lasen.

2. Das Butterschmalz nach und nach in der Pfanne zerlassen und darin portionsweise untertassengroße Crêpes braten. Die Crêpes im leicht geöffneten Backofen bei 150° heiß halten.

3. Die Roastbeefscheiben quer halbieren und auf einer Platte anrichten. Die saure Sahne, die Konfitüre und den Käse in einer Schale anrichten. Das Raclettegerät heizen. Alle vorbereiteten Zutaten zu Tisch bringen.

4. Eine Scheibe Roastbeef auf eine Crêpehälfte legen, saure Sahne und Konfitüre daraufgeben, mit einer Roastbeefscheibe bedecken und in die Crêpe einschlagen. Die Crêpe mit Käse bestreuen und überbacken, bis der Käse zu schmelzen beginnt.

Im Bild oben: Crêpes mit Roastbeef
Im Bild unten: Gemüsecrêpes

Muschelcrêpes

Wenn Muscheln Saison haben, sollten die Crêpes natürlich mit frischen Muscheln zubereitet werden. Um 350 g Muschelfleisch zu gewinnen, muß man ungefähr 1 1/2 kg Muscheln in den Schalen kochen.

Zutaten für 4 Personen:
350g naturell eingelegte Muscheln
2 Schalotten
2 Zweige Estragon
2 Fleischtomaten
1–2 Eßl. Weißwein
150 g Mehl
1 Ei
2 Eigelb
1/8 l Sahne
Salz
Mineralwasser
100 g Butterschmalz
200g Pyramidenkäse
4 Eßl. Sahne
1 Eßl. Paprikapulver, edelsüß

Raffiniert

Pro Portion etwa:
3010 kJ/710 kcal
36 g Eiweiß · 42 g Fett
30 g Kohlenhydrate

- Zubereitungszeit: etwa 1 Stunde

1. Die Muscheln abtropfen lassen. Die Schalotten würfeln. Den Estragon waschen, die Blättchen zupfen und kleinschneiden. Die Tomaten überbrühen, häuten und halbieren, die Stielansätze ausschneiden, entfernen und pürieren.

2. Die Muscheln mit den Schalotten, dem Estragon, dem Tomatenpüree und dem Wein mischen und ziehen lassen.

3. Das Mehl mit dem Ei, den Eigelben, der Sahne, dem Salz und so viel Mineralwasser verrühren, daß ein leicht flüssiger Teig entsteht. Den Teig etwa 15 Minuten ruhen lassen. Das Butterschmalz in einer Pfanne nach und nach zerlassen, portionsweise untertassengroße Crêpes darin braten und die fertigen Crêpes im leicht geöffneten Backofen bei 150° heiß halten.

4. Den Käse entrinden, reiben, mit der Sahne und dem Paprikapulver verrühren. Alle Zutaten zu Tisch bringen, Das Raclettegerät heizen. Etwas von der Muschelmasse in eine Crêpe einschlagen, diese mit Käsecreme bedecken und überbacken, bis die Creme goldgelb ist.

Selleriecrêpes

Mit einer Füllung aus kleingehacktem Staudensellerie und Schinken ergeben diese Crêpes ein apartes Raclettegericht. Sie können die Käsecreme auch mit mildem Leerdamer Käse zubereiten.

Zutaten für 4 Personen:
1 Staude Stangensellerie
250 g roher Schinken ohne Fettrand
150 g Mehl
1 Ei
2 Eigelb
1/8 l Sahne
Salz
Mineralwasser
100 g Butterschmalz
50 g Crème fraîche
75 g frisch geriebener Parmesan

Preiswert

Pro Portion etwa:
3310 kJ/780 kcal
20 g Eiweiß · 57 g Fett
19 g Kohlenhydrate

- Zubereitungszeit: etwa 1 Stunde

1. Die Selleriestangen waschen, abtrocknen, den Wurzelansatz und die Blätter abschneiden und die Blätter hacken. Von den Stangen die harten Fäden abziehen und die Stangen ebenfalls kleinhacken.

2. Den Schinken klein würfeln, mit dem Sellerie und den Blättern mischen und zugedeckt beiseite stellen.

3. Das Mehl mit dem Ei, den Eigelben, der Sahne, Salz und so viel Mineralwasser verrühren, daß ein leicht flüssiger Teig entsteht. Den Teig etwa 15 Minuten ruhen lassen. Das Butterschmalz nach und nach zerlassen, untertassengroße Crêpes darin braten und heiß halten.

4. Die Crème fraîche mit dem Parmesankäse verrühren. In jeweils eine Crêpe etwas von der Selleriemasse einschlagen. Die Crêpepäckchen mit Käsecreme bestreichen und überbacken, bis die Käsecreme leicht braun ist.

Im Bild oben: Muschelcrêpes
Im Bild unten: Selleriecrêpes

Puffer mit Entenbrust

Geräucherte Entenbrust auf Kartoffelpuffer sollten Sie mit lieben Gästen probieren!

Zutaten für 6 Personen:
1,8 kg Pellkartoffeln vom Vortag
Salz
2 Eier
Nach Bedarf: etwas Mehl
100 g Kokosfett
300 g geräucherte Entenbrust in dünnen Scheiben
100 g Eßkastanien aus der Dose
3 säuerliche Äpfel
6 Teel. Zitronensaft
100 g Johannisbeergelee
300 g Appenzeller Käse in dünnen Scheiben

Braucht etwas Zeit

Pro Portion etwa:
3720 kJ/890 kcal
21 g Eiweiß · 26 g Fett
120 g Kohlenhydrate

- Zubereitungszeit: etwa 1 1/2 Stunden

1. Die Kartoffeln schälen, zerstampfen oder durch die Presse drücken. Die Kartoffelmasse mit Salz und den Eiern verrühren; wenn die Masse zu weich ist, mit wenig Mehl anreichern.

2. Das Kokosfett nach und nach in einer Pfanne zerlassen und jeweils 3–4 Teelöffel der Masse darin breitstreichen. Portionsweise Puffer in Größe der Raclettepfännchen braten und im leicht geöffneten Backofen bei 150° heiß halten.

3. Die Entenbrust mit den in Scheiben geschnittenen Kastanien auf einer Platte anrichten. Die Äpfel vom Kerngehäuse befreien, in etwa 1/2 cm dicke Scheiben schneiden, mit Zitronensaft beträufeln. Das Gelee und den Käse anrichten.

4. Jeweils 1 Scheibe Entenbrust auf einen Puffer legen und mit Kastanien bedecken. Eine Apfelscheibe darauf legen, das Loch mit Gelee füllen, mit einer Käsescheibe belegen und überbacken, bis der Käse schmilzt.

Krautpuffer

Diese Raclette stellt sich als typisches Winteressen vor. Mit Kasseler und Sauerkraut auf dem Puffer macht sie ordentlich satt. Ein Gläschen Schnaps als Verdauungshilfe schadet danach bestimmt nicht.

Zutaten für 6 Personen:
1 kg Sauerkraut
1 großer säuerlicher Apfel
2 Wacholderbeeren
Salz
1/8 l Weißwein
6 Eßl. Korinthen
1,8 kg Pellkartoffeln vom Vortag
Salz
2 Eier
100 g Kokosfett
Nach Bedarf: etwas Mehl
350 g geräuchertes Kasseler
300 g Tilsiter Käse in dünnen Scheiben

Gelingt leicht

Pro Portion etwa:
2520 kJ/600 kcal
19 g Eiweiß · 25 g Fett
35 g Kohlenhydrate

- Zubereitungszeit: etwa 30 Minuten

1. Das Sauerkraut kleinschneiden. Den Apfel schälen, würfeln und mit den Wacholderbeeren und dem Salz unter das Kraut mischen. 4 Eßlöffel vom Wein abnehmen. Den übrigen Wein unter das Kraut rühren und das Kraut zugedeckt bei schwacher Hitze etwa 30 Minuten leicht kochen lassen.

2. Die Korinthen heiß waschen, trockentupfen und im übrigen Wein einweichen.

3. Die Kartoffeln schälen, zerstampfen oder durch die Presse drücken. Die Kartoffelmasse mit dem Salz, den Eiern und – falls sie zu weich sein sollte – mit wenig Mehl vermengen.

4. Das Kokosfett nach und nach in einer Pfanne zerlassen und aus der Kartoffelmasse portionsweise Puffer in Größe der Raclettepfännchen braten und im Backofen bei 150° heiß halten.

5. Das Kasseler in Würfel schneiden und mit den Korinthen unter das Sauerkraut heben und heiß halten.

6. Jeweils einen Puffer mit Sauerkraut belegen, mit 1–2 Käsescheiben bedecken und überbacken, bis der Käse geschmolzen ist.

Im Bild oben: Puffer mit Entenbrust
Im Bild unten: Krautpuffer

Kartoffelplinsen mit Pilzen

Plinsen aus gekochten Kartoffeln sind eine würzig-feine Grundlage für Überbackenes.

Zutaten für 4 Personen:
750 g Pellkartoffeln vom Vortag
Salz
4 Eßl. Mehl
1 Ei
50 g Kokosfett
600 g Austernpilze
1 große Zwiebel
1 Eßl. Öl
Salz
1 Prise frisch gemahlene Muskatnuß
1/8 l Weißwein
1 Eßl. frischer gehackter Majoran
150 g Schichtkäse
150 g frisch geriebener Edamer

Braucht etwas Zeit

Pro Portion etwa:
2000 kJ/480 kcal
16 g Eiweiß · 23 g Fett
45 g Kohlenhydrate

- Zubereitungszeit: etwa 1 1/2 Stunden

1. Die Kartoffeln schälen und zerstampfen. Mit Salz, dem Mehl und dem Ei vermengen und portionsweise Plinsen in Größe der Raclettepfännchen im heißen Fett daraus braten und im leicht geöffneten Backofen bei 150° heiß halten.

2. Die Pilze abreiben, die Stielenden etwas kürzen. Die Pilze in Streifen schneiden. Die Zwiebel schälen, würfeln und im Öl glasig braten. Die Pilze dazugeben, unter Umwenden mitbraten, mit Salz und dem Muskat würzen und mit dem Wein zugedeckt etwa 10 Minuten dünsten.

3. Die Restflüssigkeit der Pilze im offenen Topf verdampfen lassen und den Majoran untermengen. Die Pilze zugedeckt auf dem Raclettegerät auf einem Drahtuntersetzer heiß halten. Den Schichtkäse mit dem Edamer Käse vermengen.

4. Jeweils eine Plinse mit Pilzen bedecken, darauf eine Schicht Käse geben und überbacken, bis der Käse hellgelb ist.

Maisplinsen

Zutaten für 4 Personen:
750 g Pellkartoffeln vom Vortag
Salz
4 Eßl. Mehl
1 Ei
50 g Kokosfett
2 grüne Paprikaschoten
1 Eßl. Öl
3 Frühlingszwiebeln
600 g Maiskörner (aus der Dose)
8 Eßl. Crème double
3 Eßl. Schnittlauchröllchen
Salz
frisch gemahlener weißer Pfeffer
150 g Walliser Käse in dünnen Scheiben

Vegetarisch

Pro Portion etwa:
3000 kJ/710 kcal
14 g Eiweiß · 40 g Fett
76 g Kohlenhydrate

- Zubereitungszeit: etwa 1 Stunde

1. Die Kartoffeln wie in nebenstehendem Rezept mit Salz, dem Mehl und dem Ei mischen und zu Plinsen verarbeiten.

2. Die Paprikaschoten putzen, waschen und in etwa 2 cm große Stücke schneiden. Die Schotenstücke im Öl anbraten, 2 Eßlöffel Wasser dazugießen und etwa 3 Minuten dünsten.

3. Die Frühlingszwiebeln putzen, waschen, in Ringe schneiden und mit dem Mais und dem Schnittlauch unter die Schoten mischen und heiß halten. Die Crème double mit Salz und Pfeffer abschmecken.

4. Jeweils eine Plinse mit dem Gemüse, der Creme und dem Käse belegen und überbacken, bis der Käse geschmolzen ist.

Im Bild oben: Kartoffelplinsen mit Pilzen
Im Bild unten: Maisplinsen

Plinsen mit Soufflé-häubchen

Wem die geräucherte Putenbrust zu dezent ist, kann die Plinsen auch mit knusprig ausgebratenem Speck belegen.

Zutaten für 4 Personen:
750 g Pellkartoffeln vom Vortag
Salz
4 Eßl. Mehl
1 Ei
50 g Kokosfett
250 g geräucherte Putenbrust
in dünnen Scheiben
schwarzer Pfeffer in der Mühle
100 g frisch geriebener Emmentaler
3 Eßl. Crème double
2 Eigelb
4 Eiweiß
Salz
2 Teel. Zitronensaft

Raffiniert

Pro Portion etwa:
2700 kJ/640 kcal
34 g Eiweiß · 38 g Fett
41 g Kohlenhydrate

• Zubereitungszeit: etwa 1 Stunde

1. Die Kartoffeln schälen und zerstampfen. Mit Salz, dem Mehl und dem Ei vermengen. Im heißen Fett portionsweise Plinsen in Größe der Raclettepfännchen braten und die fertigen Plinsen im leicht geöffneten Backofen bei 150° heiß halten.

2. Die Putenbrust in Größe der Plinsen zurechtschneiden, auf einer Platte anrichten und mit Pfeffer übermahlen.

3. Den Käse mit der Crème double und den Eigelben verrühren. Die Eiweiße mit Salz und dem Zitronensaft zu steifem Schnee schlagen, unter die Käsecreme heben und in einer Schale anrichten.

4. Alle vorbereiteten Zutaten zu Tisch bringen. Jede Plinse mit 2–3 Eßlöffeln von der Käse-Soufflé-Masse bedecken und überbacken, bis die Spitzen der Soufflémasse gebräunt sind.

Plinsen mit Avocado-schaum

Avocados vertragen es, gut gewürzt zu werden. Mit einem Edelpilzkäse kommt der nußartige Eigengeschmack der Früchte voll zur Geltung. Ich bereite diese Raclette gern mit dem milden Bavaria blue zu, doch kann man auch Gorgonzola nehmen.

Zutaten für 4 Personen:
750 g Pellkartoffeln vom Vortag
Salz
4 Eßl. Mehl
1 Ei
50 g Kokosfett
2 reife Avocados
5 Teel. Zitronensaft
Salz
150 g Bavaria blue (Edelpilzkäse)
2 Eiweiß

Gelingt leicht

Pro Portion etwa:
2900 kJ/690 kcal
19 g Eiweiß · 51 g Fett
41 g Kohlenhydrate

• Zubereitungszeit: etwa 1 Stunde

1. Die Kartoffeln wie im nebenstehenden Rezept mit Salz, dem Mehl und dem Ei zu Plinsen verarbeiten. Im heißen Kokosfett ausbraten.

2. Die Avocados halbieren und die Steine auslösen. Die Fruchthälften schälen, würfeln, mit dem Zitronensaft beträufeln und salzen.

3. Den Käse über die Avocadowürfel bröckeln und beides im Mixer pürieren. Die Eiweiße mit Salz zu steifem Schnee schlagen, unter das Püree heben und dieses in einer Schale anrichten.

4. Die Plinsen und den Avocadoschaum zu Tisch bringen. Die Plinsen mit dem Avocadoschaum bedecken und überbacken, bis der Schaum leicht zu bräunen beginnt.

Im Bild oben:
Plinsen mit Soufflehäubchen
Im Bild unten:
Plinsen mit Avocadoschaum

Buchweizen-Raclette

Die Blinis aus Buchweizen brauchen leider Zeit zum Gehenlassen und zum Braten. Doch sie sind nicht nur sehr gesund, sondern schmecken auch fabelhaft.

Zutaten für 6 Personen:
1/2 Würfel Hefe (20 g)
1/8 l lauwarmes Wasser
1 Teel. Honig
300 g Buchweizenmehl
Salz
8 Eßl. Butterschmalz
700 g Zucchini
4 Eßl. Gemüsebrühe
2 Knoblauchzehen
100 g saure Sahne
3 Eßl. Schnittlauchröllchen
Salz
300 g Briekäse

Braucht etwas Zeit

Pro Portion etwa:
2200 kJ/520 kcal
20 g Eiweiß · 31 g Fett
39 g Kohlenhydrate

- Zubereitungszeit: etwa 3 Stunden (davon etwa 1 1/2 Stunden Gehzeit)

1. Die Hefe zerbröckeln und mit dem Wasser, dem Honig und mit wenig Mehl zu einem dünnen Vorteig verrühren und diesen etwa 1 Stunde gehen lassen.

2. Das Salz und das gesamte Mehl unter den Vorteig mengen, den Teig schlagen, bis er glatt und nicht zu dünnflüssig ist und nochmals etwa 30 Minuten gehen lassen.

3. Aus dem Buchweizenteig sehr kleine und flache Blinis formen und im heißen Butterschmalz braten. Die fertigen Blinis im leicht geöffneten Backofen bei 150° heiß halten.

4. Die Zucchini waschen, würfeln und in der Gemüsebrühe bei schwacher Hitze zugedeckt etwa 5 Minuten dünsten. Den Knoblauch schälen, fein hacken und mit der sauren Sahne, dem Schnittlauch, Salz und den Zucchini kurz einkochen lassen und heiß halten.

5. Den Käse würfeln. Die Blinis in die Pfännchen geben, mit dem Gemüse bedecken, dieses mit Käsewürfeln bestreuen und überbacken, bis der Käse zu schmelzen beginnt.

Grünkern-Raclette

Grünkernküchlein, mit einer Gemüsemischung belegt und knusprig überbacken, bringen Abwechslung in die geselligen Raclette-Essen.

Zutaten für 4 Personen:
1/2 l Gemüsebrühe
200 g frisch geschroteter Grünkern
75 g feine Haferflocken
Salz
1 Zwiebel
9 Eßl. Öl
500 g junger Spinat
1 Prise frisch gemahlene Muskatnuß
250 g geräucherte Forellenfilets
150 g Edamer in dünnen Scheiben

Gelingt leicht

Pro Portion etwa:
2300 kJ/550 kcal
27 g Eiweiß · 27 g Fett
30 g Kohlenhydrate

- Zubereitungszeit: etwa 1 1/2 Stunden

1. Die Gemüsebrühe zum Kochen bringen, den Grünkernschrot mit den Haferflocken und Salz unter Umrühren einstreuen, alles einmal aufkochen und dann ohne Hitzezufuhr in etwa 20 Minuten ausquellen lassen.

2. Die Zwiebel schälen, reiben und unter den Schrotbrei mengen. Mit nassen Händen daraus Küchlein in Größe der Raclettepfännchen formen und im heißen Öl portionsweise von beiden Seiten braten. Im leicht geöffneten Backofen bei 150° heiß halten.

3. Den Spinat verlesen, waschen, tropfnaß in einen Topf geben und bei schwacher Hitze eben zusammenfallen lassen. Den Spinat salzen, mit dem Muskat würzen und auf dem Raclettegerät heiß halten.

4. Die Forellenfilets in kleine Stücke teilen und mit dem Käse auf einer Platte anrichten. Beides mit den Grünkernküchlein zu Tisch bringen.

5. Die Küchlein mit wenig Forellenfilet belegen, Spinat darüberfüllen, diesen mit Käse bedecken und überbacken, bis der Käse geschmolzen ist.

Im Bild oben: Buchweizen-Raclette
Im Bild unten: Grünkern-Raclette

Ananas-Raclette

Obst läßt sich im Raclettegerät herzhaft, pikant oder süß zubereiten. Ananas eignet sich beispielsweise für beide Versionen und beide können wiederum mannigfaltig abgewandelt werden. Allerdings sollte man stets frisches Obst der Saison verwenden und bei exotischen Früchten auf den aromatischen Duft, die Konsistenz und Reife achten.

Zutaten für 6 Personen:

- *1 große reife Ananas*
- *450 g Lachsschinken in dünnen Scheiben*
- *1 Bund Zitronenmelisse*
- *150 g Crème fraîche*
- *1 Eßl. Paprikapulver, edelsüß*
- *300 g junger Goudakäse*
- *1 Baguette*

Raffiniert

Pro Portion etwa:
3200 kJ/760 kcal
33 g Eiweiß · 34 g Fett
78 g Kohlenhydrate

- Zubereitungszeit: etwa 40 Minuten

1. Die Ananas waschen, trockentupfen und die Blattkrone mit einem kleinen Stück Ananas abschneiden.

2. Die Ananas mit einem scharfen Messer spiralförmig ziemlich dickwandig schälen.

3. Die punktförmigen Schalenansätze schräg von oben nach unten verlaufend keilförmig herausschneiden. Dadurch entsteht an den Scheiben der gezackte Rand.

4. Die Ananas quer in etwa 1 cm dicke Scheiben schneiden. Mit einem Ausstecher von ungefähr 3 cm Durchmesser die holzige Mitte aus den Scheiben stechen und die Ananasscheiben auf einer Platte anrichten.

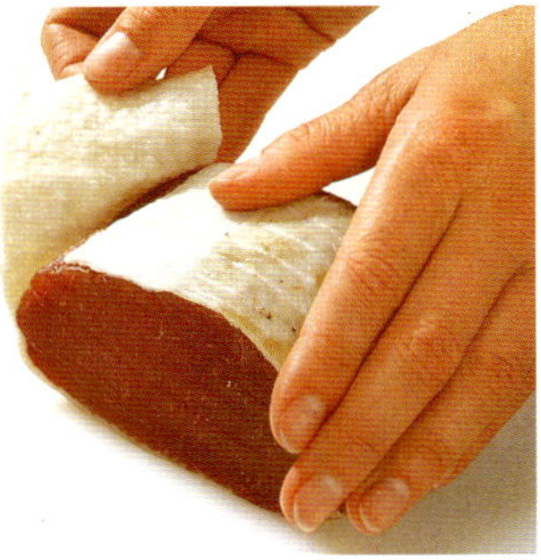

5. Vom Lachsschinken den Fettrand entfernen. Die Schinkenscheiben einmal falten und auf einer Platte anrichten.

6. Die Melisse waschen, trockenschütteln, die Blättchen abzupfen und auf die Schinkenplatte legen.

7. Die Crème fraîche mit dem Paprikapulver verrühren und anrichten. Den Käse in dünne Scheiben und diese in Größe der Raclettepfännchen zurechtschneiden. Alle vorbereiteten Zutaten zu Tisch bringen.
Das Raclettegerät heizen. Die Baguette in Scheiben schneiden und auf das Raclettegerät legen.

8. Jeweils 2 Schinkenscheiben in ein Pfännchen legen, eine Scheibe Ananas daraufgeben, das Loch mit Crème fraîche füllen und ein Melisseblättchen auf die Creme legen. Die Ananas mit Käse bedecken und überbacken, bis der Käse schmilzt. Die Baguette dazuessen.

Variante:

Ananas als Dessert

Etwa 16 Löffelbiskuits quer halbieren, in eine Schale legen und mit 1 Eßlöffel Walnußlikör beträufeln (wenn Kinder zur Tischrunde gehören, für sie den Likör durch Ahornsirup ersetzen).
Die Ananas wie in nebenstehendem Rezept beschrieben schälen, in Scheiben schneiden, die holzige Mitte herausstechen und die Scheiben in Spalten schneiden.
250 g Schichtkäse mit 1 Messerspitze Salz, 2 Eßlöffeln Walnußlikör (oder Ahornsirup) und etwa 4 Eßlöffeln Kokosraspeln verrühren.
Die Ananas und die Schichtkäsecreme anrichten und zu Tisch bringen. Das Raclettegerät heizen.
Jedes Pfännchen mit Löffelbiskuits auslegen, darauf einige Ananasspalten geben. Etwas Käsecreme darüber streichen und überbacken, bis die Käsecreme leicht Farbe angenommen hat.

Raclette mit Feigen

Feigen lassen sich optimal mit zartem Fleisch kombinieren. Bündner Fleisch eignet sich sehr gut, außerdem ist es nahezu fettfrei und wird in dünne Scheiben geschnitten verkauft.

Zutaten für 4 Personen:
12 frische Feigen
1 Eßl. Portwein
1 kleiner Zucchino
200 g Bündner Fleisch
200 g Edamer in dünnen Scheiben
schwarzer Pfeffer in der Mühle
4 Scheiben Toastbrot

Etwas teurer

Pro Portion etwa:
1500 kJ/360 kcal
17 g Eiweiß · 22 g Fett
19 g Kohlenhydrate

- Zubereitungszeit: etwa 30 Minuten

1. Die Feigen waschen, abtrocknen, halbieren und mit der Schnittfläche nach oben auf einer Platte anrichten. Die Feigen mit dem Portwein beträufeln.

2. Den Zucchino waschen, abtrocknen, in dünne Scheiben schneiden und zu den Feigen auf die Platte geben.

3. Das Bündner Fleisch ebenfalls auf der Platte anrichten.

4. Den Käse in Größe der Raclettepfännchen zurechtschneiden, anrichten und mit dem Pfeffer, dem Brot und der Platte zu Tisch bringen.

5. Das Raclettegerät heizen. Jede Feigenhälfte mit einer Scheibe Bündner Fleisch umwickeln und jeweils zwei davon in ein Pfännchen legen. Auf die Feigen je eine Zucchinischeibe legen, diese mit Käse bedecken, mit Pfeffer übermahlen und überbacken, bis der Käse schmilzt. Mit dem Toastbrot essen.

Appenzeller Äpfel

Säuerliche Äpfel lassen sich vielseitig kombinieren und eignen sich für verschiedene Spielarten von Raclette. Wenn man wie bei folgendem Rezept die Würzmittel so serviert, daß jeder seine Portion individuell abschmecken kann, wird die Raclette bestimmt ein Erfolg.

Zutaten für 4 Personen:
4 saftige, säuerliche Äpfel
3 Eßl. Zitronensaft
600 g Stangenweißbrot
150 g Frühstücksspeck in dünnen Scheiben
150 g Appenzeller Käse in dünnen Scheiben
4 Eßl. Butter in Flöckchen
2–3 Eßl. Curry
4 Eßl. trockener Sherry
2–3 Eßl. Sanddornsirup

Preiswert

Pro Portion etwa:
3500 kJ/830 kcal
24 g Eiweiß · 39 g Fett
94 g Kohlenhydrate

- Zubereitungszeit: etwa 40 Minuten

1. Die Äpfel waschen, schälen, halbieren, die Kerngehäuse entfernen und die Äpfel in nicht zu dünne Scheiben schneiden. Die Apfelspalten mit dem Zitronensaft beträufeln, auf einer Platte anrichten und zugedeckt zu Tisch bringen.

2. Das Weißbrot in schräge Scheiben schneiden und auf dem Raclettegerät aufbacken. Die Speckscheiben falten. Den Käse in Größe der Raclettepfännchen zurechtschneiden und mit dem Speck anrichten.

3. Die Butterflöckchen, den Curry, den Sherry und den Sirup in je einer Schale anrichten und mit allen Zutaten zu Tisch bringen.

4. Wenig Butter im Pfännchen zerlassen, Apfelspalten von beiden Seiten darin anbraten, mit Curry, Sherry und Sirup würzen, mit einer Speckscheibe und Käse belegen und überbacken, bis der Käse geschmolzen ist. Mit dem Weißbrot essen.

Im Bild oben: Appenzeller Äpfel
Im Bild unten: Raclette mit Feigen

Mangold-Bananen

Eine Mischung aus Schichtkäse und frisch geriebenem Hart- oder Schnittkäse ist die ideale Ergänzung für alle Zutaten von dezentem Geschmack.

Zutaten für 4 Personen:
4 große, reife Bananen
2 Eßl. Zitronensaft
50 g Mangoldblätter
75 g frisch geriebener Havartikäse
100 g Schichtkäse
4 Eßl. kleingehackte Walnußkerne
2–3 Eßl. Walnußlikör
4 Eßl. Butter in Flöckchen

Raffiniert

Pro Portion etwa:
1700 kJ/400 kcal
13 g Eiweiß · 17 g Fett
45 g Kohlenhydrate

- Zubereitungszeit: etwa 40 Minuten

1. Die Bananen schälen, quer in vier Stücke schneiden, diese längs halbieren, mit dem Zitronensaft beträufeln und auf einer Platte anrichten.

2. Die Mangoldblätter waschen, trockentupfen und die Rippen herausschneiden. Die Blätter halbieren und auf die Platte mit den Bananen geben.

3. Den Havartikäse mit dem Schichtkäse verrühren und anrichten. Die Nüsse, den Likör und die Butterflöckchen in je einer Schale anrichten und mit den anderen vorbereiteten Zutaten zu Tisch bringen.

4. Wenig Butter in einem Pfännchen zerlassen, die Mangoldblätter hineingeben, die Bananenstücke dazulegen und alles leicht anbraten. Mit Nüssen bestreuen, mit Likör beträufeln und mit Käsecreme bedecken. Jede Portion überbacken, bis die Käsecreme etwas Farbe angenommen hat.

Roquefort-Birnen

Sie sind als klassische Vorspeise in festlichen Menüs bekannt. Abgewandelt als Raclette können sie auch bei einem weniger offiziellen Essen als Vorspeise gereicht werden oder als Imbiß zu einem Glas Weißwein.

Zutaten für 4 Personen:
2 große, saftige Birnen
beispielsweise Williams
1 Eßl. Zitronensaft
4 Scheiben Toastbrot
100 g Magerquark
1–2 Eßl. Milch
2 Eßl. Schnittlauchröllchen
Salz
frisch gemahlener weißer Pfeffer
75 g Roquefortkäse
50 g Semmelbrösel
6 Eßl. Butterflöckchen

Für Gäste

Pro Portion etwa:
940 kJ/220 kcal
10 g Eiweiß · 8 g Fett
25 g Kohlenhydrate

- Zubereitungszeit: etwa 30 Minuten

1. Die Birnen waschen, schälen, halbieren, die Kerngehäuse entfernen und die Birnen in nicht zu dünne Spalten schneiden. Die Birnen mit dem Zitronensaft beträufeln und auf einer Platte anrichten.

2. Die Brotscheiben diagonal halbieren und auf dem Raclettegerät toasten. Den Quark mit der Milch, dem Schnittlauch, dem Salz und dem Pfeffer verrühren und in einer Schale anrichten.

3. Den Roquefortkäse zerbröckeln und mit den Semmelbröseln und den Butterflöckchen in je einer Schale anrichten. Alle Zutaten zu Tisch bringen.

4. Jeweils eine Toastecke mit Quark bestreichen und in ein Pfännchen legen. Birnenspalten daraufgeben, Roquefortkäse darüber bröckeln, mit Semmelbröseln bestreuen und mit Butterflöckchen belegen. Die Toastecken überbacken, bis die Semmelbrösel verkrustet sind.

Im Bild oben: Mangold-Bananen
Im Bild unten: Roquefort-Birnen

RACLETTES MIT OBST

Aprikosen-Raclette

Aprikosen lassen sich ausgezeichnet als aparter Kontrapunkt in einem herzhaften Gericht einsetzen.

Zutaten für 4 Personen:
8 reife Aprikosen
100 g Zucchini
1 Knoblauchzehe
1 Eßl. Butter
Salz
frisch gemahlener weißer Pfeffer
4 Scheiben Toastbrot
2 Eßl. Mango-Chutney
150 g mittelscharfer Gorgonzolakäse

Raffiniert

Pro Portion etwa:
590 kJ/140 kcal
6 g Eiweiß · 6 g Fett
26 g Kohlenhydrate

- Zubereitungszeit: etwa 45 Minuten

1. Die Aprikosen rundherum mit einer Gabel einstechen, überbrühen und die Haut abziehen. Die Früchte halbieren, die Steine auslösen und die Hälften in Spalten schneiden.

2. Die Zucchini waschen und in Stifte schneiden. Die Knoblauchzehe schälen und kleinhacken.

3. Die Butter in einer Pfanne zerlassen, die Zucchini und den Knoblauch darin etwa 3 Minuten dünsten, mit Salz und dem Pfeffer abschmecken, die Aprikosenspalten dazugeben, kurz mitdünsten und zugedeckt auf dem Raclettegerät warm halten.

4. Die Brotscheiben diagonal halbieren und auf dem Gerät toasten. Den Mango-Chutney und den etwas zerbröckelten Gorgonzola in je einer Schale anrichten und zu Tisch bringen.

5. Jede Toastecke mit dem Mango-Chutney bestreichen, mit Gemüse bedecken, Käse darüber streuen und überbacken, bis der Käse zu schmelzen beginnt.

Knusperaprikosen

Als Dessert oder süßes Hauptgericht erfreuen sich diese Aprikosen großer Beliebtheit. Sind Kinder mit am Tisch, läßt man für sie den Flambiervorgang weg und überbäckt die Früchte ohne Alkohol.

Zutaten für 4 Personen:
50 g Butter
60 g Haferflocken
60 g Zuckerrohrgranulat
8 reife Aprikosen
2 Eßl. Aprikosenlikör
6 Eßl. Himbeergeist
150 g Mascarpone
(italienischer Frischkäse)

Braucht etwas Zeit

Pro Portion etwa:
1700 kJ/400 kcal
9 g Eiweiß · 21 g Fett
37 g Kohlenhydrate

- Zubereitungszeit: etwa 1 Stunde

1. Die Butter in einer Pfanne zerlassen, die Haferflocken und das Zuckerrohrgranulat einstreuen und unter Umwenden braten, bis die Masse goldgelb ist. Den falschen Krokant auf eine Platte schütten, in Streusel zerstoßen und abkühlen lassen.

2. Die Aprikosen rundherum mit einer Gabel einstechen, mit kochendheißem Wasser übergießen und die Haut abziehen. Die Früchte halbieren und die Steine auslösen.

3. Den Likör über die Aprikosen träufeln. Den Himbeergeist auf dem Raclettegerät warm stellen. Den Krokant und den Mascarpone in je einer Schale anrichten und zu Tisch bringen.

4. Je zwei Aprikosenhälften mit der Öffnung nach oben in ein Pfännchen legen und im Raclettegerät erhitzen. Etwas Himbeergeist über die Aprikosen träufeln, anzünden und ausbrennen lassen.

5. Die Aprikosen mit Mascarpone bestreichen, etwas Krokant darüber streuen und überbacken, bis der Mascarpone leicht Farbe angenommen hat.

Im Bild oben: Aprikosen-Raclette
Im Bild unten: Knusperaprikosen

Überbackene Papayas

Vollreife Papayas geben auf Fingerdruck leicht nach, haben orangerotes Fruchtfleisch und orange-grüne Schalen. Papayas sind reich an Vitamin A und harmonieren gebraten gut mit zartem Fleisch.

Zutaten für 4 Personen:
2 reife Papayas
200 g gegarter Kalbsbraten in dünnen Scheiben
500 g Stangenweißbrot
150 g Sahnejoghurt
1/2 Teel. abgeriebene Zitronenschale (Schale unbehandelt)
1 Teel. Zitronensaft
1 Messerspitze Paprikapulver
Salz
150 g Emmentaler in dünnen Scheiben
4 Eßl. Butterflöckchen

Für Gäste

Pro Portion etwa:
2400 kJ/570 kcal
30 g Eiweiß · 20 g Fett
66 g Kohlenhydrate

- Zubereitungszeit: etwa 30 Minuten

1. Die Papayas waschen, halbieren und die Kerne herausschaben. Die Früchte in Spalten schneiden und die Schalen abziehen oder dünn abschneiden.

2. Den Braten auf einer Platte mit den Papayaspalten anrichten. Das Brot in schräge Scheiben schneiden und aufbacken.

3. Den Joghurt mit der Zitronenschale, dem Zitronensaft, dem Salz und dem Paprikapulver verrühren und in eine Schale geben. Den Käse in Größe der Raclettepfännchen zurechtschneiden und anrichten.
Alle Zutaten zu Tisch bringen.

4. Wenig Butter in einem Pfännchen zerlassen, die Papayaspalten darin anbraten und mit etwas Kalbsbraten belegen. Joghurt darüber streichen, eine Käsescheibe darauf legen und überbacken, bis der Käse geschmolzen ist. Mit dem Weißbrot essen.

Sherrymangos

Reife Mangos sind sehr aromatisch und geschmacksintensiv. Sie eignen sich daher ausgezeichnet für eine Raclette mit Käse und herzhaften Zutaten. Wichtig beim Einkauf von Mangos ist, daß Sie den richtigen Reifegrad überprüfen. Vollreife Früchte, die zu uns aus dem asiatischen Raum kommen, geben auf Fingerdruck leicht nach, sind aber nicht weich!

Zutaten für 4 Personen:
2 reife Mangos
3 Eßl. trockener Sherry
300 g geräucherte Putenbrust in dünnen Scheiben
1 Bund Zitronenmelisse
150 g Mozzarella
500 g frisches Stangenweißbrot
4 Eßl. Butter in Flöckchen

Exklusiv

Pro Portion etwa:
1200 kJ/290 kcal
27 g Eiweiß · 7 g Fett
24 g Kohlenhydrate

- Zubereitungszeit: etwa 30 Minuten

1. Die Mangos waschen, abtrocknen, schälen und in Spalten von den Steinen schneiden. Die Spalten quer halbieren, mit dem Sherry beträufeln und auf einer Platte anrichten.

2. Die Putenbrust ebenfalls anrichten. Die Zitronenmelisse waschen, trockenschütteln, die Blättchen abzupfen und in eine Schale geben.

3. Den Käse in Scheiben schneiden, anrichten und mit allen vorbereiteten Zutaten zu Tisch bringen. Das Brot in Scheiben schneiden und auf dem Raclettegerät aufbacken.

4. Wenig Butter in den Pfännchen zerlassen, die Mangospalten von beiden Seiten darin anbraten und mit Putenbrust belegen. Das Fleisch mit Käse bedecken und überbacken, bis der Käse zu schmelzen beginnt. Jede Portion mit Melisseblättchen garnieren und mit dem Stangenweißbrot essen.

Im Bild oben: Überbackene Papayas
Im Bild unten: Sherrymangos

Pikante Pfirsiche

Reife, möglichst erntefrische Pfirsiche sind hervorragend für diese Raclette geeignet. Das Nonplusultra für diesen reizvollen Nachtisch ist allerdings ein junger Käse von dezentem Geschmack. Versuchen Sie jungen Provolone zu bekommen, einen italienischen Hartkäse aus roher Vollmilch.

Zutaten für 4 Personen:
4 reife Pfirsiche
100 g junger Provolonekäse
2–3 Eßl. Sahne
50 g Pistazienkerne
1/8 l Weißwein
8 Teel. Preiselbeerkonfitüre

Vegetarisch

Pro Portion etwa:
1300 kJ/310 kcal
10 g Eiweiß · 16 g Fett
28 g Kohlenhydrate

- Zubereitungszeit: etwa 30 Minuten

1. Die Pfirsiche rundherum mit einer Gabel einstechen, mit kochendheißem Wasser übergießen und die Haut abziehen. Die Pfirsiche halbieren und die Steine auslösen.

2. Den Käse reiben, mit der Sahne vermengen und in eine Schale geben.

3. Die Pistazien grob hacken und mit dem Wein und der Konfitüre in je einer Schale anrichten.

4. Jede Pfirsichhälfte mit etwas Wein beträufeln und mit der Schnittfläche nach unten im Raclettegerät erhitzen. Dann umdrehen, die Vertiefungen mit Konfitüre füllen, mit Pistazien bestreuen, etwas Käsecreme darüber streichen und überbacken, bis die Creme zu bräunen beginnt.

Orangen mit Leberpastete

Eine ausgefallene Raclette, die Sie als Vorspeise oder raffinierten Imbiß servieren können. Wer einen herberen Geschmack liebt, kann statt Orange auch Grapefruit nehmen; dann sollte jedoch der Cointreau durch trockenen Sherry ersetzt werden.

Zutaten für 4 Personen:
4 Orangen
300 g Baguette
200 g Leberpastete in sehr dünnen Scheiben
8 Eßl. Crème fraîche
100 g frisch geriebener junger Gouda
4 Eßl. Butter in Flöckchen
4 Eßl. Cointreau

Exklusiv

Pro Portion etwa:
2750 kJ/650 kcal
19 g Eiweiß · 34 g Fett
60 g Kohlenhydrate

- Zubereitungszeit: etwa 30 Minuten

1. Die Orangen wie einen Apfel schälen und dabei auch die weiße Unterhaut entfernen. Die Orangen in gleichmäßig dünne Scheiben schneiden, die Kerne entfernen. Die Scheiben auf einer Platte anrichten.

2. Die Baguette in schräge Scheiben schneiden und auf dem Raclettegerät aufbacken. Die Pastetenscheiben etwas kleiner schneiden als eine Orangenscheibe und ebenfalls anrichten.

3. Die Crème fraîche mit dem Käse mischen, anrichten und mit den Butterflöckchen und dem Cointreau zu Tisch bringen.

4. Jeweils eine Orangenscheibe in etwas Butter von jeder Seite anbraten und mit wenig Cointreau beträufeln. Mit Pastete belegen und etwas Käsecreme darüber streichen. Jede Portion überbacken, bis die Creme leicht Farbe angenommen hat. Mit der Baguette essen.

Bild oben: Pikante Pfirsiche
Bild unten: Orangen mit Leberpastete

Mandelkirschen

Leicht gesüßte Sauerkirschen schmecken mit mildem Käse gratiniert äußerst apart. Man reicht sie als Dessert nach einem leichten Essen. Nach Belieben können die Kirschen noch mit etwas Kirschgeist parfümiert werden.

Zutaten für 4 Personen:
500 g Sauerkirschen
100 g Zuckerrohrgranulat
100 g geriebene Mandeln
150 g Mascarpone (italienischer Frischkäse)
50 g Butterkäse in sehr dünnen Scheiben
8 Löffelbiskuits

Raffiniert

Pro Portion etwa:
2100 kJ/500 kcal
15 g Eiweiß · 27 g Fett
50 g Kohlenhydrate

- Zubereitungszeit: etwa 45 Minuten

1. Die Kirschen waschen, abtropfen lassen, von den Stielen zupfen und entsteinen. Die Kirschen mit dem Zuckerrohrgranulat mischen und zugedeckt kurz durchziehen lassen.

2. Die Kirschen in eine Schüssel füllen, mit den geriebenen Mandeln und mit dem Mascarpone vermengen.

3. Den Käse auf eine Platte legen. Mit den Biskuits und den Kirschen zu Tisch bringen. Das Raclettegerät heizen.

4. Die Raclettepfännchen mit 2–3 Eßlöffeln Kirschen füllen und mit etwas Käse bedecken. Die Kirschen überbacken, bis der Käse geschmolzen ist. Mit den Biskuits essen.

Passionsfruchtdessert

Das Fruchtfleisch von Passionsfrüchten gibt diesem festlichen Dessert einen raffinierten Hauch von Exotik. – Ein Top-Rezept für verwöhnte Gourmets!

Zutaten für 4 Personen:
4 Passionsfrüchte
1 Zitrone (Schale unbehandelt)
200 g Magerquark
5 Eßl. Eierlikör
100 g frisch geriebener junger Gouda
4 Eßl. Sahne

Für Gäste

Pro Portion etwa:
970 kJ/230 kcal
15 g Eiweiß · 10 g Fett
14 g Kohlenhydrate

- Zubereitungszeit: etwa 40 Minuten

1. Die Passionsfrüchte waschen, abtrocknen, halbieren und auf eine Platte legen. Die Zitrone warm waschen, abtrocknen, eine Hälfte in hauchdünne Scheiben schneiden, die andere Hälfte auspressen.

2. Den Quark mit dem Zitronensaft und dem Eierlikör verrühren und in einer Schale anrichten. Den Käse ebenfalls in einer Schale anrichten und mit den anderen Zutaten zu Tisch bringen.

3. Die Raclettepfännchen jeweils mit etwas Quark-Eierlikör-Mischung füllen und eine Zitronenscheibe darauf legen. Das Fruchtfleisch einer Passionsfruchthälfte mit einem Löffel darauf schaben und mit Sahne beträufeln. Den Käse darauf streuen und die Pfännchen überbacken, bis der Käse zu schmelzen beginnt.

Im Bild oben: Passionsfruchtdessert
Im Bild unten: Mandelkirschen

REZEPT- UND SACHREGISTER

Zum Gebrauch
Damit Sie Rezepte mit bestimmten Zutaten noch schneller finden können, stehen in diesem Register zusätzlich auch beliebte Zutaten wie Aprikosen, Spargel oder Plinsen – ebenfalls alphabetisch geordnet und halbfett gedruckt – über den entsprechenden Rezepten.

IMPRESSUM

Umschlag-Vorderseite:
Das Rezept für Ur-Raclette finden Sie auf Seite 6.

CIP-Titelaufnahme
der Deutschen Bibliothek
Wolter, Annette: Raclette & Co:
pfiffige Ideen für gesellige Runden/Annette Wolter.
4. Aufl. – München:
Gräfe u. Unzer, 1992.
(GU-Küchen-Ratgeber)
ISBN 3-7742-5906-2

4. Auflage 1992

Redaktion: Ulrich F. Kuhn-Hein
Layout: Ludwig Kaiser
Typografie: Robert Gigler
Herstellung: Christine Germer
Farbfotos: Fotostudio Teubner,
Umschlaggestaltung:
Heinz Kraxenberger
Reproduktionen: SKU GmbH
Satz: typostudio GmbH
Druck: Appl, Wemding
Bindung: R. Oldenbourg
ISBN 3-7742-5906-2

Wichtiger Hinweis
Das Kochen bei Tisch erfordert eine Hitzequelle, die sicher aufgestellt und sorgsam beobachtet werden muß. Das Raclette-Gerät muß den allgemeinen Sicherheitsbestimmungen entsprechen, und das Kabel muß so gesichert sein, daß man nicht daran hängen bleibt. Die Hinweise zum Umgang mit dem Gerät in der Bedienungsanleitung sollten aufmerksam gelesen und befolgt werden. Beim Flambieren sehr vorsichtig vorgehen und keinesfalls aus der offenen Flasche nachgießen. Verletzungsgefahr!

Annette Wolter
gehört zu den führenden Kochbuch-Autoren im deutschen Sprachraum. Sie ist anerkannte und vielfach prämierte Expertin im Bereich Küche und Keller.